EL LUGAR DE LA LITERATURA EN EL MUNDO NEOLIBERAL

El lugar de la literatura en el mundo neoliberal

Pola Oloixarac
Jorge Volpi
Patricio Pron
Nona Fernández

EDITADO POR

Scott Weintraub

Raleigh, North Carolina

Copyright © 2025

All rights reserved for this edition copyright © 2025 Editorial A Contracorriente

Complete Library of Congress Cataloging-in-Publication Data is available at https://lccn.loc.gov/2025024394

ISBN: 978-1-4696-9262-3 (paperback)
ISBN: 978-1-4696-9263-0 (EPUB)
ISBN: 978-1-4696-9264-7 (UPDF)

For product safety concerns under the European Union's General Product Safety Regulation (EU GPSR), please contact gpsr@mare-nostrum.co.uk or write to the University of North Carolina Press and Mare Nostrum Group B.V., Mauritskade 21D, 1091 GC Amsterdam, The Netherlands.

This is a publication of the Department of World Languages and Literatures at North Carolina State University. For more information visit http://go.ncsu.edu/editorialacc.

Distributed by the University of North Carolina Press
www.uncpress.org

ÍNDICE

Nota a esta edición—Greg Dawes vii

Día 1 – POLA OLOIXARAC con Ariel Schettini 1

Día 2 – JORGE VOLPI con Héctor Jaimes 23

Día 3 – PATRICIO PRON con Greg Dawes 45

Día 4 – NONA FERNÁNDEZ con María Rosa Olivera-Williams 67

Postfacio—Scott Weintraub 93

NOTA A ESTA EDICIÓN

PARA CELEBRAR LOS VEINTE años de la revista *A contracorriente: una revista de estudios latinoamericanos*, revista que fundé en 2003, invitamos a los escritores y las escritoras Pola Oloixarac, Jorge Volpi, Patricio Pron y Nona Fernández a compartir con nosotros sus observaciones, inquietudes, y convicciones sobre el lugar que ocupa la literatura en estos momentos de neoliberalismo capitalista. Fueron cuatro días consecutivos— del 4 de marzo de 2024 al 7—en que Pola Oloixarac conversó con Ariel Schettini, Jorge Volpi con Héctor Jaimes, Patricio Pron conmigo, y Nona Fernández con María Rosa Olivera-Williams en Zoom. Los conversatorios están disponibles en Youtube, pero me pareció importante publicarlos, y ese es el libro que el lector o la lectora tiene en sus manos. Contamos con la transcripción de las conversaciones y el excelente trabajo de los estudiantes de posgrado Paula Dechima y Stephany Delgadillo Flores, quienes se dedicaron a corregir las transcripciones. De ahí, me encargué yo de pulir el texto. Acto seguido, se lo mandé a los escritores y sus interlocutores con la idea de hacer cambios de menor grado y de mantener el tono oral. Una vez incorporados los cambios, pasó a manos de la Editorial A Contracorriente, de la cual soy editor junto con Carlos Aguirre y Ana Forcinito, y luego a la University of North Carolina Press.

Por lo que aborda y sobre todo en esta época del neoliberalismo en que todo pareciera volverse mercancía y reducirse a lo práctico, lo instrumental, me parecía primordial escuchar los comentarios de estos destacados/as escritores/as para ver hasta qué grado la literatura puede incidir en el mundo neoliberal y ofrecer alternativas al estado de cosas. Al abarcar la historia, la psicología, la economía, la sociología, la antropología entre otras áreas de conocimiento y entretejarlas la literatura tiene el potencial de servir como una conciencia latente que critica el estado de cosas, que se autocritica, y que busca captar los destellos de sociedades más justas, más afines a los intereses de la gran mayoría de la población, no sólo en América Latina, sino en todo el mundo. De ahí, la importancia de estos conversatorios que espero despierten ideas y fomenten diálogos en torno al tema.

Van mis profundos agradecimientos a los escritores y los interlocutores, entre los cuales figura María Rosa, que ha hecho un aporte constante e indispensable como editora de las reseñas sobre la cultura y la literatura para la revista, así como el imprescindible Scott Weintraub, actual director de la revista y compañero de trabajo en ella hace siete ocho años. Van mis agradecimientos también a las ex estudiantes de posgrado Olivia Frost y Yasmin Cedamanos, quienes estuvieron a cargo del aspecto tecnológico asociado con los conversatorios y quienes trabajaron para la editorial de 2023 a 2024. Asimismo, le agradezco el apoyo a nuestro director del Department of World Languages and Cultures, Jim Michnowicz, en North Carolina State University.

Greg Dawes
Wake Forest, marzo de 2025

Día 1 - POLA OLOIXARAC con Ariel Schettini

GREG DAWES: BIENVENIDOS A todos y todas a esta celebración del vigésimo aniversario de *A contracorriente: una revista de estudios latinoamericanos*. Lo estamos celebrando con una serie de conversatorios con Pola Oloixarac, Jorge Volpi, Patricio Pron y Nona Fernández. Son de días consecutivos. Quería hablarles en un principio de la historia de la revista muy brevemente.

Se fundó en el 2003 en parte porque tenía, estando en la profesión unos años ya a esas alturas, varias inquietudes en cuanto a la relación entre la teoría como tal, en particular la teoría postestructuralista, y su lugar en el campo. Me parecía que en realidad la teoría se creaba en Estados Unidos y en Europa y se exportaba a América Latina. O bien que los estadounidenses y los europeos entendían a América Latina por medio de su propia teoría. Eso me tenía muy inquieto, por no decir molesto. No es que no haya una relación dialéctica entre la teoría y América Latina ni que, evidentemente, América Latina no tenga y no produzca su propia teoría. Justamente la idea era de tratar de empezar con América Latina y después pasar a Estados Unidos y a Europa como modo de entender lo que está sucediendo; invertir los términos. Y en ese sentido quería seguir el modelo de tres revistas acá en Estados Unidos que me parecen excelentes hasta el día de hoy, aunque una no existe ya. Son *Nuevo Texto Crítico*, *Revista de Crítica Literaria Latinoamericana* y *Ideologies and Literatures*, que tenía sede en la universidad de Minnesota con Hernán Vidal. La idea era crear una revista desde la izquierda y desde una izquierda autocrítica y que la revista sirviera de foro para las ideas, o sea, para abrir un intercambio de ideas a nivel continental en internet. Para hacerlo recurrí a la experticia y generosidad de William (Billy) Acree, que en ese entonces era estudiante de doctorado en UNC, en la Universidad de Carolina del Norte en Chapel Hill, y ahora es profesor titular en la Universidad de Washington en

St Louis. Él me ayudó a montar la revista en 2003, y eso facilitó la idea de que se pudiera tener una revista en internet y gratis. Eso para mí era fundamental, porque, si vamos a tener una conversación en distintos países, debería ser de acceso abierto y democrático. En un principio era una revista de literatura e historia, fundamentalmente, que pasó a ser, en 2007, una revista de estudios latinoamericanos. Poco después, el editor de producción, Samuel Sotillo, me ayudó a migrar la revista a Open Journal Systems, cosa que ayudó enormemente. Y en 2011 fundamos la Editorial A Contracorriente, que publica libros académicos sobre los estudios latinoamericanos con la editorial de la Universidad de Carolina del Norte en Chapel Hill. Los que trabajan conmigo en ese proyecto son Carlos Aguirre, de la Universidad de Oregon, que se encarga de la serie de historia y ciencias sociales y Ana Forcinito de la Universidad de Minnesota que es editora de la serie de literatura y cultura. Unos años después, Scott Weintraub, se unió al grupo de la revista y es el editor actual de la revista. Y, María Rosa Olivera-Williams, de la Universidad de Notre Dame, empezó a trabajar como editora de las reseñas de literatura y cultura y Ángela Vergara de la Universidad Estatal de California de Los Angeles se sumó al grupo como editora de las reseñas de historia y ciencias sociales. Ese es el excelente equipo que tenemos ahora.

Por último quería agradecerles a todos y todas, en particular, por supuesto, a Pola Oloixarac, a Jorge Volpi, a Patricio Pron y a Nona Fernández, pero también a Ariel Schettini, Héctor Jaimes, María Rosa Olivera-Williams, aparte de Ana Peluffo, Heather McCree, Miguel La Serna, Audrey Hansen, Javier Etchegaray, aparte de los miembros del Consejo Editorial y todos/as aquellos/as que hayan contribuido a la revista a lo largo de estos veinte años. Y, finalmente, va un agradecimiento enorme a Olivia Frost y Yasmin Cedamanos, que me ayudaron con la organización de este evento. Ahora le paso la palabra a Scott Weintraub.

SCOTT WEINTRAUB: Muchas gracias, Greg. Gracias a todos por estar aquí con nosotros para el primer conversatorio en la serie de *El lugar de la literatura en el mundo neoliberal*. Estamos aquí hoy con Ariel Schettini y Pola Oloixarac.

Pola Oloixarac nació en Buenos Aires. Inició su trayectoria como traductora, periodista y escritora. Recibió los premios Eccles Center y Hay Festival en el 2021 luego de su primera novela *Las teorías salvajes* (2008). Fue nombrada una de las mejores jóvenes novelistas en español en 2010. El mismo año recibió el Fondo Nacional de Letras. Sus obras se caracterizan por ser críticas con respecto al orden social. De acuerdo a Ricardo Piglia, ella es "el gran acontecimiento de la nueva narrativa argentina". (Su última obra se titula *Mona* (2019), y su última, *Bad hombre* (2025), ambas publicadas por Random House).

Ariel Schettini nació en Quilmes, en 1966. Es Licenciado en Letras por la UBA. Es autor de dos libros de ensayos y tres libros de poemas y su obra ha sido traducida al inglés, al portugués y al francés. En 1995 fue becado por el International Writers Program de la Universidad de Iowa. Trabajó como crítico cultural con diversos medios periodísticos en Argentina y como gestor cultural. Además de haber sido docente de teoría literaria en la Universidad Buenos Aires, enseña en el programa de posgrado para curadores de arte en Universidad Nacional Tres de Febrero y dicta clases de poesía latinoamericana en Universidad Nacional de las Artes, en el exterior.

Les agradecemos mucho su participación en este conversatorio.

POLA OLOIXARAC: Muchas gracias, Scott y gracias a Greg. Para nosotros es un honor estar acá y participar de este cumpleaños de la revista.

ARIEL SCHETTINI: Muchas gracias por esta invitación que nos honra y nos encanta. Quizás podríamos ya empezar a hablar con Pola. Bienvenidos a todos. Nos habíamos prometido con Pola hablar de una serie de temas. Podríamos empezar hablando de una cosa que Scott no dijo, que es súper interesante de tu carrera, que es la que deberás ser, quizás, la novelista más insultada en Twitter y en todas las redes sociales que existen. Me gustaría, no sé si todavía te lo merecés, aventurar la idea de que se trata de una escritora maldita. Es una tradición muy linda: los escritores malditos en América Latina. Me gustaría nombrar como escritores malditos a los que son odiados al mismo tiempo por la derecha y por la izquierda. Es una tradición preciosa y, al mismo tiempo, es muy difícil de acceder a ese estatus, digamos, al odio colectivo, y al mismo tiempo el interés colectivo de construir esa...

POLA OLOIXARAC: Un colectivo llamado odio.

ARIEL SCHETTINI: También. ¿Viste que ahora se usa mucho el tema? Podríamos en algún momento después hablar de los discursos de odio, etcétera. Un tema tan lindo para la manipulación ideológica, para observar la manipulación ideológica para observar...

POLA OLOIXARAC: Las artes del escritor incluyen esa manipulación también. Son como lectores activos que se activan en relación a lo que imparte el escritor. No sé qué pensás vos. Como pensando qué es lo que hay adentro de ese colectivo que incluye tanto a la izquierda como a la derecha como enardecidas. Además no sé si "maldita", quizás es directamente "maldecida".

ARIEL SCHETTINI: En la palabra *maldita* está la idea del mal y el decir. O sea, está la idea de lo verbal y el mal que es tan hermoso. Para nosotros los latinoamericanos es una tradición divina. Y es una tradición a la que me gustaría en algún momento dedicarle más tiempo.

POLA OLOIXARAC: Pero Ariel, en este podio de los que son maldecidos, malditos, de un lado y del otro en la literatura argentina ¿a quién incluye? Bueno además de a mí, ¿qué ciclo vengo a coronar?

ARIEL SCHETTINI: Es un ciclo interesante. Yo creo que es muy difícil de tomar porque distintos periodos históricos construyen distintas maldiciones. Si querés, lo enfocamos directamente en un momento histórico, que es 1969, el momento del famoso reportaje de la revista *Life* a Julio Cortázar y donde Cortázar dice, "Perdón, vamos a cortar el tallarín acá, o sea, vamos a decir [que] estamos los grandes escritores de izquierda..." Imagínense que ese es el momento en el que Cortázar entra al mercado norteamericano y le interesa, por supuesto, entrar al mercado norteamericano, que es donde está la plata.

POLA OLOIXARAC: Y lo tiene que hacer en tanto que escritor de izquierda. Para entrar en ese mercado era importante tener ese baluarte.

ARIEL SCHETTINI: Y sí porque si no se vende como un escritor de izquierda, no entra directamente. O sea, ahí hay un problema muy grande. Él necesita esa especie de validación, sobre todo en la lista de *bestsellers* de *The New York Times* porque eso lo pone a dialogar con los otros monstruos que son Vargas Llosa, García Márquez...

POLA OLOIXARAC: O sea, como una manera de entrar en el *boom*. Era importante mostrar esas credenciales y esas credenciales las muestra en el momento en que entra a Estados Unidos.

ARIEL SCHETTINI: Para esto él hace una cosa súper interesante que no está del todo explorada por los críticos literarios que es manda matar, verbalmente, a Arguedas. Arguedas pasa de ser nuestro escritor revolucionario, luchador de abajo, profesor de la universidad...Y él dice, "Bueno yo contra esa tradición de los pobrecitos, de los provincianos, de los llorones..."

POLA OLOIXARAC: Los peruanos...

ARIEL SCHETTINI: No, no dice "los peruanos" porque del otro lado está Vargas Llosa; dice contra esa tradición de "los llorones" que es la palabra que él usa, que es terrible, sobre todo, terrible para Arguedas... "yo estoy en contra de esa tradición de la izquierda" [dice Cortázar]. Y entonces ahí aparece una cosa muy complicada. Ustedes saben cómo termina esa historia. Arguedas lo denuncia en el prólogo del *Zorro de arriba y el zorro de abajo*, que es una de las más grandes novelas latinoamericanas. Ahí aparece el llorón latinoamericano: "¿Por qué Cortázar no me quiere si yo lo quiero?" Ese momento del prólogo del *Zorro de arriba y el zorro de abajo* se los súper recomiendo a todos porque directamente habla de ese reportaje de la revista *Life*, que a él lo hiere, y termina matándose. Ese momento que después Cortázar quedó como, "Qué feo terminar una discusión intelectual en el momento del desastre latinoamericano y lo que los yanquis están haciendo en Chimbote..." Ese drama del imperialismo, que él denunció también de un modo tan hermoso, se mata. Entonces ahí aparece una cosa trágica en el modo de pensar lo latinoamericano. Arguedas le agrega un tono... Pensemos en los machitos latinoamericanos, estos de los que estábamos hablando antes, Vargas Llosa, qué sé yo, todos reunidos en Barcelona diciendo, "Te voy a explicar de qué se trata Latinoamérica", y de repente aparece este otro, esta especie de ser oscuro que es Arguedas y que dice, "No chicos. Esto no es una cosa que se habla en un bar de Barcelona mientras Carmen Balcells, que es la gran vendedora del mundo del *boom* latinoamericano, hace negocios".

POLA OLOIXARAC: Esto es tremendo porque Cortázar lo manda matar, pero recoge esa bala y es él que elige incrustársela en la cabeza.

ARIEL SCHETTINI: Pero ahí aparece un corte, una contradicción en la historia de la literatura latinoamericana y en el modo de pensarse Latinoamérica sí mismo que es insuperable. Es una discusión total que tiene que ver con la representación...

POLA OLOIXARAC: Poner el cuerpo. Arguedas lo puso entero al cuerpo y creo que los escritores actuales no son tan de poner el cuerpo. Bueno, eso es lo positivo de Twitter que justamente te podés pelear pero no hay ningún cuerpo involucrado y mucho menos un libro. O sea, ya me parece muy fuerte que haya escogido responder a Cortázar en un prólogo. Ya era entregar una parte de su cuerpo, una parte de su obra.

ARIEL SCHETTINI: Sí. En tus intervenciones en Twitter vos podrías decir que no hay ningún cuerpo involucrado. Uno podría decir que es uno de los grandes modos de pensar la circulación de las ideas. O sea, recién Greg decía una cosa muy interesante en relación al modo imperialista en el que las ideas circulan por América Latina, y uno podría decir, "Sí, el modo imperialista en el que circulan las ideas, ¿y el modo imperialista en el que circulan las formas en América Latina?" Esto que creo que es algo sobre lo que vos intervenís bastante, que es el modo en el que aparecen los grandes líderes de la izquierda latinoamericana del presente hablando por Twitter, que es una cosa totalmente controlada por Estados Unidos para nosotros. Una tecnología totalmente norteamericana. ¡Qué temita!

POLA OLOIXARAC: Bueno, pero ahora está liberada por nuestro amigo "Occupy Mars" que es Elon (justo tengo esta taza). Pero bueno, supuestamente existió ese momento de control del discurso, y ahora ese discurso está supuestamente liberado desde que existió esta adquisición.

ARIEL SCHETTINI: ¿En qué sentido las intervenciones tuyas en Twitter controlan o no tu discurso?

POLA OLOIXARAC: No es tan relevante lo que controlan de mi discurso sino, creo yo, la forma en la que hacen que, por ejemplo, los políticos reaccionen y generen textos que están por fuera del texto que tienen preparado para decir. Dentro de las cosas que mencionaron: mi última novela es *Mona*, pero luego yo publiqué, el año pasado, un libro de ensayos políticos donde recuperaba una cantidad de columnas que yo había hecho para *La Nación* y para otros medios donde incluía, por ejemplo, retratos de distintos funcionarios, de políticos prominentes, personas en el poder. En general, la mayoría eran hombres. Cuando yo inicié esta serie, cuando publiqué un retrato de un jefe de gabinete, se enojaron tanto porque no lo vieron como literatura, lo vieron publicado en un diario y eso ya cambiaba totalmente la percepción. O sea, qué significaba esta voz que parece seducida por este hombre y que, sin embargo, luego dice, "No, el peronismo, en realidad, no me está seduciendo". En realidad lo estoy simplificando, pero es un texto bastante gracioso, y se enojaron muchísimo: se enojó el presidente de la nación, retuiteaba el ministro de trabajo... Bueno, en ese momento, el peronismo además controlaba los medios de comunicación. Entonces el convoy importante de los medios: todos salieron a protestar por el texto y, para mí, ese fue un momento interesantísimo porque, lejos de sentirme perseguida, pensé: "Bueno, genial. Esto es lo que la literatura tiene que hacer también. Tiene que generar este tipo de reacciones". Y tenés que, en un punto, no saber qué es ni de dónde viene ni qué hacer con eso, pero que es algo que promueve una reacción de otra clase. Y que fuera gente que justamente hace el discurso un poco la construcción de la política, para mí era especialmente interesante.

Entonces, volviendo a tu pregunta, cuando yo intervengo en Twitter, en general pienso que del otro lado hay seres textuales que también son los que van a buscar atacarme o los que, involuntariamente o no, van a mostrar algo de su personalidad que quizás no estaban planeando mostrar, pero que hay algo que los sobrepasa. Me parece que Twitter tiene algo como una novela conjunta, donde están todas estas reacciones exacerbadas, o por momentos exacerbadas, y eso es un poco lo que genera la excitación en torno a eso, y el hecho de que, como vos decís, todos los políticos lo encontraron como su forma de comunicación. Y en un punto, si bien Milei empezó imitando el estilo de Trump, ahora es más bien Trump el que se está plegando a la publicidad de Milei. Me parece que algo de eso ocurrió cuando lo invitó la semana pasada o hace dos semanas al CPAC.

Además de copiar ciertos discursos y de absorber esta teoría, hay un punto donde Latinoamérica también, o ciertos líderes latinoamericanos también empiezan a circular de otras maneras que buscan ser capitalizadas por elementos de Estados Unidos. O, bueno justamente, un candidato como Donald Trump donde lo discursivo es crucial, así como en el caso de Milei, o sea, son como audiencias permanentes que están en ebullición.

ARIEL SCHETTINI: Sí, totalmente. En ese último libro tuyo, vos atacás directamente a nuestro presidente de un modo bastante interesante. Ahí salieron todos los voceros de nuestro actual presidente a insultarte, y ahí es donde aparece una cosa súper interesante porque, hasta ese momento, vos habías sido una interpelación clásica del Estado latinoamericano. O sea, la construcción también clásica, una intelectual. Pensemos que un intelectual latinoamerico es básicamente una persona que interpela al Estado y lo denuncia como delincuente. Eso desde Esteban Echeverría... desde donde ustedes quieran. O sea, constituirse como intelectual en América Latina es básicamente comprender que el Estado es un delincuente, y ahí aparece esa paradoja tan interesante de lo latinoamericano.

Yo voy buscando fórmulas que definan lo latinoamericano, y yo creo que una de las grandes fórmulas que definen la totalidad de este periodo de doscientos o trescientos años de latinoamericanidad es la palabra *resistencia*. Es decir, ser latinoamericano es básicamente pensarse a uno mismo como resistencia, es decir, como ligazón con otra cosa frente a la cual uno dice, "No, no quiero, no puedo, no me gusta, no, no, no". Y en ese sentido vos viniste a decirnos acá, "el modo de la resistencia empieza por acá, a este gobierno liberal argentino". Empieza observando esta figura, quizás un poco graciosa de Milei con la que empezó, quizás un poco buscando y conociendo las reglas de lo televisivo, del mundo de las redes sociales. Fijate que él interactúa, ahora como presidente, interactúa con el pueblo por esos mismos canales. Incluso hubo un último discurso en donde directamente dijo, "Yo gobierno o con el aparato legislativo o con Twitter, no tengo límites". Y quizás es eso lo que genera esa especie de irritación global con Milei, que me parece completamente entendible. El otro día veía propagandas en España donde aparece Milei como un personaje con el cual la política española puede identificarse. Y vos en ese sentido fuiste la que vino y nos dijo, "Atención, acá aparece esta figura". ¿Cómo lo ves ahora? ¿Qué dirías ahora de Milei?

POLA OLOIXARAC: A mí me parece que es muy fácil ridiculizar a Milei porque, de alguna manera, Milei ya provee su auto-ridiculización. Entonces hay un punto donde él, cuando es ridiculizado, es una manera de propagar el mensaje. Entonces, realmente, cuando es ridiculizado, no es algo que lo toque realmente. Y esa solía ser como una de las armas que solía tener la crítica social que, en este caso, no termina de funcionar porque me parece que, lo que es interesante de Milei, es que esto que planteás vos... "La nación" de pronto empieza a estar definida no en términos geográficos, y no en términos de dónde nací, sino que somos una audiencia, y eso nos vuelve como una especie de cuerpo emocional donde, a pesar de que quieras o no ser esa audiencia, quieras o no prestarle atención o creer o no en él, no es tanto tu decisión justamente porque, por el poder viral que tiene, es como que vos, quieras o no, establecés una relación emocional con ese presidente, lo hayas votado o no, te guste o no. Y hay algo como con las Kardashian, por ejemplo, yo las veía y decía, "Pero no entiendo qué es este programa. ¿Qué están haciendo? Van a comprar algo, son lindas. No me parecían ni lindas, pero de verlas tanto tiempo, me parecen hermosas todas". Es como una redefinición de la Venus de Willendorf pero contemporánea, como que ya le empiezo a encontrar virtudes y hay algo de eso en Milei. Él hace un montón de cosas estúpidas, totalmente estúpidas. Después hace cosas que son más o menos razonables y eso ya es como que genera un rango que te hace sentir que hay una persona viva que tiene como este tipo de vulnerabilidades y de normalidad donde, en realidad, no hay como un plan siniestro detrás, que es lo que la gente tiende a asociar con la racionalidad, con la Inteligencia Artificial o cosas así. Entonces hay un punto donde Milei genera una fantasía de qué viene a ser algo vivo, qué viene a ser una nación en tanto que algo vivo con esta forma reactiva de manejar la audiencia. Eso es lo que me parece interesante, lo que me da ganas de mirar más que nada el fenómeno. Hay cosas que hace que son irracionales sí, pero si el tipo está queriendo lograr el objetivo A, por ejemplo, que le aprueben en el Congreso, está cerca, puede hacerlo, pero escoge maltratar específicamente a todo el mundo y que la noticia sea esa y que la noticia sea cuán irreductible. ¡Qué voluntad tiene él también de insultar a aquellos que no bajan la cabeza inmediatamente ante él!

ARIEL SCHETTINI: Yo creo que vos acabás de abrir un tema que es terrible, que es el tema del siglo XXI, que es la relación que hay entre el universo este en el que estamos viviendo y las emociones. Hay un texto que yo lo uso como si fuera la Biblia más o menos, que es el texto de Barbara Rosenwein que se llama *Emotional Communities in the Early Middle Ages*, donde ella abre un campo, una disciplina, te diría que es el territorio multidisciplinario de las emociones, de pensar las emociones y de cómo administramos en la historia y en distintos lugares históricos las emociones. Y ahí es, yo creo que ese es el lugar que vos acabás de nombrar, donde aparece justamente el punto en donde se toca el problema de la literatura y la política.

De un modo más o menos azaroso, hablé del *boom*, pero ahora quiero engordar esta idea. Fíjense que la literatura latinoamericana, en muchos casos, antes del *boom*, si ustedes quieren, pónganlo en Martí, pónganlo en ese momento de *Nuestra América* de Martí, ese momento en el que Martí va a Boston y los representantes de Estados Unidos le ofrecen una serie de negocios posibles a los gobiernos latinoamericanos frente a los cuales la mayoría de los latinoamericanos, por supuesto, dicen, "Qué lindo", salvo por algunos, sobre todo Martí que está absolutamente escandalizado en esos artículos que él envía al diario *La Nación* de Buenos Aires y con los que constituye finalmente el libro *Nuestra América* donde dice, "No, esto es una locura, esto es una locura. Esto que nos ofrece Estados Unidos es lo que justamente ahora va a separar y va a decir, hay dos Américas: está la América de ellos y está nuestra América". Entonces a partir de ahí, fíjense que los intelectuales latinoamericanos empiezan a pensar cómo es el tema de la administración pública, personas que se dedican a la literatura. Prácticamente uno podría decir que no hay gran texto de la literatura latinoamericana que no sea pensar formas racionales de la administración del Estado y la irracionalidad del Estado latinoamericano, sobre todo. Pero ahora pasa otra cosa que es que ya no nos importa más aparentemente la administración, lo único que nos importa es cómo nos tratan, si nos miman, si nos duele lo que nos dicen…

POLA OLOIXARAC: La administración emocional.

ARIEL SCHETTINI: Claro, ahora estamos en un universo de emociones. Por eso me encantan los textos de Barbara Rosenwein que justamente los piensan como emociones que se desarrollan en la historia. Entonces la política entró a construir ficciones, que uno podría decir más o menos narrativas, y a competir con los literatos diciendo, "No, el mundo de las emociones me lo quedo yo porque vos entraste al mundo de la administración". Yo trabajo mucho con mis alumnos, sobre todo con los alumnos con los que tengo que trabajar en términos de construcciones de proyecto de trabajo, que es cómo se construyen las emociones en la literatura ahora, que es un universo muy difícil. Porque ahora las emociones las construimos en todas partes. Vos justamente nos estás mostrando cómo los líderes latinoamericanos se construyen de forma emocional y fijate que, cuando dijiste "el uso emocional de los medios", yo podría decirte que ahí también hay una tradición hermosa que podríamos armar que empieza en, por ejemplo, Evita. Un personaje cuya estrategia era ciento por ciento construir emoción. Incluso hay estúpidos actualmente que hablan de "Evita con su inmenso amor", que me parece insultante hablar de una persona en esos términos, de una persona con tanto poder…

POLA OLOIXARAC: Es mujer, Ariel, por eso tiene amor para dar…

ARIEL SCHETTINI: Es importante que se hable de una mujer en esos términos y no se diga cómo Evita construyó las emociones como estrategia siendo una persona con tan pocos recursos de formación, pero cómo supo aprovechar los medios. En un momento en el que era muy difícil apropiarse de los medios, ella se apropió de la radio de un modo en el que nadie se apropió de la radio y que era el medio del momento para hablar de política. Entonces ahora podríamos hablar de esa relación que vos acabás de nombrar tan difícil entre literatura, medios o tecnología, si vos querés, y política. O sea, estos sostenidos son emociones que es algo de lo que vos hablás mucho en varios de tus textos porque podríamos hablar de *Mona* donde ahí aparece mucho el problema de la apropiación que se hace de un intelectual, la apropiación de lectura que se hace de un intelectual, el encasillamiento que se hace de un intelectual, pero también en tu novela anterior, *Las constelaciones oscuras* (2016).

POLA OLOIXARAC: Pensaba cuando hablabas de Evita, Evita y la radio, es un momento donde está la voz sin cuerpo, es la voz que se proyecta y hay algo de Twitter que tiene que ver con eso también. Porque cuando vos ves esas mayúsculas de Milei como "VIVA LA LIBERTAD, CARAJO" o la forma en la que él ya tiene un tono para menospreciar, pero que es un tono escrito, y que somos nosotros en realidad los que lo completamos con un cuerpo, en un punto así como Evita con la radio, Milei tampoco necesita que su cuerpo absurdo o ridiculizable o circense acompañe ese rigor que pone en Twitter, que es además como su forma de conectarse de uno a uno con el pueblo, porque el pueblo, la gente lo puede *likear* o lo pueden insultar, el tipo te bloquea. Me parece que hay algo ahí como entre Twitter y cómo saltarse la Pax Americana. Como el momento más televisivo: hay un punto donde la emocionalidad ve a la persona que te habla como un discurso que ya está manido, controlado porque hay una cámara, porque sé quién está, que me está poniendo la luz, etcétera. Ese fue el problema de Horacio Rodríguez Larreta, que la mayor parte de su comunicación consistía en en videos de Tik Tok -estaban por todos lados-. Era él entrando en situaciones humanas como medio un extraterrestre que bajaba, visitaba lo que hacían los humanos en el mundo. Me parece interesante que Milei, si bien por supuesto controla muchísimo qué fotos circulan o no... Por ejemplo sé que cuando fue ahora a Davos, le sacaron una foto con Cameron que mide 1.85 metros, y Milei claramente no, y Milei se opuso a que la foto esa circulara. La gente que estaba ahí decía, "Bueno, lo que pasa es que sos más bajo" y de pronto se generó como un silencio como en el búnker de Hitler. Como que hay hechos como, por ejemplo, 1.80 es más que lo que mide nuestro ayatollah, el ayatollah Javier. Él se disemina en forma de una voz que se mete en tu cabeza, que ya tiene su propio tono emocional en tu cabeza, que vos ya sabés cuando está verdugueando a alguien o ya sabés cuándo en realidad es pura fuerza porque vamos para adelante. Es como que vos le completás esa forma de la "esperanza" de la que él no habla, por ejemplo, no habla nunca de *esperanza*. No es el político neoliberal clásico. Él solamente promete guadaña, él promete violencia contra los enemigos y, en realidad, la operación emocional es tener que asociar que esa guadaña va a hacer germinar una esperanza, un futuro mejor para todos. Entonces ese momento neurológico, si querés, ese salto es percibido como una forma de libertad, yo creo, por seguidores o por algunos de los que forman parte de esta República de la audiencia. Es fascinante.

ARIEL SCHETTINI: Quería que hablemos un poco del modo en el que se gestiona una parte de lo político en la literatura que tiene que ver con la novela *Mona*, que es el modo en el que se gestiona el deber-ser. Hay palabras que no quiero usar en este momento, pero que me salen muy espontáneamente, pero lo voy a decir como el deber-ser es encasillado en un tipo de lectura que en este momento uno podría discutir del mismo modo en el que se discute la espontaneidad de un político, ¿no? No, voy a decir más que la espontaneidad, la autenticidad, es decir, esa forma en la que ahora se ha producido ese fenómeno en la literatura en el cual diversos autores están condenados a hablar a partir de un tipo de experiencia vital, emocional, real fuera de la cual no existe la posibilidad de escribir...

POLA OLOIXARAC: Y subalterna también.

ARIEL SCHETTINI: ... también subalterna, eso. También es linda esa palabra, lo subalterno, que en determinado momento fue considerado un valor y que ahora lo estamos mirando de un modo discutible. Recuerdo todas las veces que a mí me hablaban de cómo es ser un poeta gay, cómo es ser un poeta... (según dónde estaba), cómo es ser un poeta joven, cómo es ser un poeta gay joven latinoamericano, que era, en ese momento, el modo en el que inevitablemente yo tenía que circular por el mundo. No lo rechazo, son tres palabras con las que me identifico, son tres palabras que al mismo tiempo me constituyen de un modo total, es decir, me constituyen de un modo total del mismo modo que me constituye la palabra *puto*. No hay parte de mi experiencia vital que no tenga ese modo de ser pensada. Creo que ahí es donde apuntó tu novela, es decir, el modo en el que una persona es. En determinado momento, se le pone una palabra que la constituye de un modo pleno y de la cual no puede salir y, al mismo tiempo, quiere salir ¿No? Todas esas pequeñas formas en las que estamos condenados a pensarnos a nosotros como uno frente a todos los discursos que hablan de la diversidad que son básicamente falacias. Lo que acabo de decir solamente porque no quise decir la palabra *políticamente correcto*.

POLA OLOIXARAC: Sí, me parece que es muy interesante cómo juegan esos roles de pertenencia y cómo muchas veces los escritores terminan aferrados a esas pertenencias porque es la manera de no estar a la intemperie. Es una manera de circular. En un momento estuve viviendo en Estados Unidos y me sorprendía porque no conocía la categoría de persona de color, y yo no sabía que era una persona de color. Entonces, cuando me invitaban a charlas y me preguntaban, "Bueno en tanto que escritora de color ¿a vos qué te pasa acá?", era una noción que solamente existía en Estados Unidos, o que yo no conocía porque en Europa no existe esa noción y en Argentina tampoco y en Latinoamérica tampoco. Era como, "Bueno, cruzás la frontera y te volvés una persona de color, pero volvés a cruzar la frontera para salir y dejás de ser una persona de color". Entonces como que había algo ahí que me marcaba de una cultura muy especial que dábamos por sentado o que, retomando las palabras de Greg, esta capacidad de exportación tan fuerte que tiene Estados Unidos de exportar sus ideas hace que, por ejemplo, nociones como estas de pronto se conviertan en la norma en otros lugares cuando, en rigor, los latinoamericanos no nos pensamos así.

ARIEL SCHETTINI: Aparece una cosa muy compleja, porque vos decís "exportador de ideas". Yo no diría que esas son ideas, eso es otra cosa. Ese es el humus sobre el cual las ideas pueden sostenerse. O sea, eso es más que una idea, en este sentido. Todos hemos tenido esta experiencia que es: vamos a Estados Unidos y somos personas de color. Pero yo, desde ese momento en el que fui nombrado como tal, a mí me alucina, me encanta. O sea, eso operó una transformación en mi hipotálamo, en mi cerebro que hace que me parezca rarísimo que alguien no me piense como una persona de color.

POLA OLOIXARAC: ¿Pero la resistencia no operó en vos también como latinoamericano? Que los latinoamericanos lo primero que hacemos es resistir. ¿No sentiste también la resistencia?

ARIEL SCHETTINI: No era un paradigma. Por eso digo la palabra *humus*. Sentí que era una nueva redefinición de mí mismo, pero al mismo tiempo, quiero esa definición para mí. El problema es: ¿Quiero una definición para mí? Esto es lo más difícil. ¿Esa definición ahora ocupa un lugar total en mi vida? Efectivamente. No conocíamos esa forma de presentarnos a nosotros mismos en el mundo y, de repente, la conocemos y la abrazamos. Pensemos en esos textos de Foucault donde dice, "La idea de la homosexualidad, cuando es una definición completa de un sujeto que de la cual el sujeto no puede salir y al mismo tiempo ¿dónde empezó y dónde terminó, dónde va a terminar?" O sea, la idea de ser homosexual, por ejemplo, que es tan difícil. O sea, yo ya tengo esa herida en el cerebro. Incluso, por ejemplo, otra cosa que pienso mucho: lo primero que pienso cuando pensamos en ciudadanía es en el modo en que Hannah Arendt pensó *ciudadanía*, y se lo digo sobre todo a mis alumnas, cuando pensamos feminismo pensemos en el modo en que Hannah Arendt pensó en orígenes del totalitarismo la relación que había entre ciudadanos y no ciudadanos. Y eso aparece en el capítulo 9 de *Los orígenes del totalitarismo* cuando Hannah Arendt dice, "hay dos tipos de sujetos que son los que están dominados por la ley, que son los buenos, los blancos los que están del lado del bien..."

POLA OLOIXARAC: Del Estado de derecho.

ARIEL SCHETTINI: Exacto, y nosotros que nos corre la policía. Ahora, por ejemplo, mirá este caso que yo he vivido en esas dos transiciones: yo he vivido la posibilidad de no ser ciudadano, un gay latinoamericano perseguido por la policía, al nuevo estado que es "Hay que casarse, tener hijos, etcétera". Pero yo ya tengo mi cerebro formado como uno que lo corre de la policía y de eso no voy a salir más, no quiero salir tampoco de ese estado. Claro, porque me hace sentir una especie de... yo no soy LGBT, yo no soy uno que dice, "que venga el Estado y me quiera, que venga el Estado y me permita casarme". No, yo soy "vamos a lo clandestino, lo clandestino siempre es más hermoso que lo legal."

POLA OLOIXARAC: Porque hay mayor grado de libertad para pensarlo en relación a esto.

ARIEL SCHETTINI: Sin dudas. Porque en lo clandestino pensamos cualquier cosa. En lo clandestino nos encontramos los clandestinos. En lo clandestino estamos los que el Estado latinoamericano no tolera. Y entonces somos un grupo que excede a los gays o a los homosexuales, somos un grupo mayor, mucho más poderoso, en todo caso. Somos el grupo de denuncia por antonomasia del Estado delincuente. Yo no podría decir, "Es mejor para mí eso". Yo digo: "Ya estoy. Ese es mi lugar histórico. Yo soy el que los corre la policía". Porque pienso en Hannah Arendt cuando dice, "Hay dos tipos de personas en la sociedad europea... –ella lo está pensando en la sociedad europea de entreguerras; o sea, ese momento en el que va a culminar con el totalitarismo más grande de la historia– hay dos tipos de ciudadanos que son los de la ley y los de la policía.

POLA OLOIXARAC: Pienso en lo que vos decías de Cortázar al principio: ¿Cómo es que Cortázar se vuelve un ser interesante para el mercado en Estados Unidos? Y pensaba esto en relación a *Mona*, o sea, cuando justamente vos estás en la zona de los perseguidos o cuando ocupás uno de estos lugares que el Estado bondadoso reserva para vos dentro de estas categorías identitarias, tenés una forma de pertenencia y tenés una forma de circular dentro de un mercado. Tenés una forma de volverte visible. Tenés una forma de existir. Para mí es un tema muy interesante. Más allá de qué tipo de *modus operandi* tengas como escritor, es un tema de comedia espectacular. Ese fue un poco lo que me movió a mí a hacer *Mona* porque ella es una escritora peruana que la invitan a algo en Suecia con un montón de otras personas y todos, en un punto, están jugando este rol de esta pertenencia porque es una forma de existir en un mercado. Se hace un mercado de venta de libros o un mercado de prestigio que también existe como tal. Entonces, hay un punto donde es interesante esa manera de ser y no ser realmente, sino ser un poco como un *performer*, digamos, un *performer* de las categorías que ahora le gustan al Estado.

ARIEL SCHETTINI: Usás la palabra *performance* que es una palabra tan...

POLA OLOIXARAC: ¿...de los años 90?

ARIEL SCHETTINI: Es una palabra para nombrar el modo en el que se piensan los cuerpos que son discutidos en la sociedad. Me parece que es muy interesante. Hay un texto que les recomiendo; les voy a contar la pequeña anécdota que da lugar al texto. Hay un momento en el que Foucault va a California y ahí en California él tiene algunas experiencias muy interesantes con respecto a su vida y con respecto a su escritura. Esto lo cuenta uno de los amigos con los que él está conviviendo en California, el libro se llama *Foucault en California*, es un pequeño libro precioso para los que les interesa la historia de la teoría del postestructuralismo francés con la que nos introdujo Greg. En un momento están hablando de los proyectos que él tiene alrededor del pensamiento de sexualidad y poder. Entonces Foucault dice, "Bueno, si vos querés saber algo, leé la *Isla de los esclavos* de Marivaux". Por supuesto yo me fui corriendo a leerlo, un texto del cual tenía noticia pero que nunca había leído. Les recomiendo entonces a todos ustedes que lean antes o junto con la novela de Pola lean *Isla de los esclavos* de Marivaux, que es un texto del año 1770 o anterior, 1750, donde justamente habla de esto: ¿Cuál es la relación entre nuestros modos de pensarnos como sujetos sociales, como ciudadanos, como responsables, en relación con los avatares del Estado y la *performance* social que nosotros llevamos adelante? Que es una cosa muy difícil de pensar. Es muy fino pensar eso. O sea, pensemos en ese momento en el que yo, que estoy acá en mi casa, tenía puesta una remera y dije, "No, como voy a hablar en una universidad, me voy a poner esta camisa". ¿Por qué? Porque da escritor, da profesor. Es la *performance* que a mí se me ocurre que tengo que dar en este momento para estos participantes. De esa estupidez, si ustedes quieren, lo podemos llevar a miles de otros campos, que es la *performance* social y cómo la *performance* social es puesta en escena y cómo la *performance* social es una lectura de un eventual público que te está mirando y que te tiene que recolocar en un lugar de la *performance*.

POLA OLOIXARAC: Y una forma de controlar esa lectura, porque vos, cuando hacés esa *performance*, así como, bueno, yo lo pienso todo en relación a Twitter, pero pienso que en el momento es como una forma de sintaxis y vos tenés que controlarla también. Es como que está dentro de las cosas que vos podés controlar igual que en una frase. Por lo tanto, si lo podés controlar, lo tenés que controlar.

ARIEL SCHETTINI: Ahí aparece una cosa muy interesante que es la *performance* verbal, no la *performance* visual. O sea, cómo son las palabras que nos definen y que nos construyen; cuáles son las palabras que me dicen a mí que yo soy esto que soy, y cómo esto me pone a mí en relación con –perdón por la palabra que voy a usar– una cultura, si quieren –pido perdón también por esta otra palabra– con un mercado. ¿Por qué les digo "perdón"? Porque me da la sensación de que si me preguntaran qué quiero decir con la palabra *cultura*, no lo podría definir, tendría que hacer un esfuerzo muy grande para pensarlo.

POLA OLOIXARAC: Menos mal pues ya la mencionamos varias veces, o sea que pasó.

ARIEL SCHETTINI: Pedimos perdón a todos, dije la palabra *cultura* muchas veces y es una palabra demasiado difícil para mí por lo menos.

POLA OLOIXARAC: Abrimos a las preguntas.

PREGUNTAS DE LA AUDIENCIA

PREGUNTA: En clave borgiana ¿cuáles dirías que son tus precursores como escritora?

POLA OLOIXARAC: Tengo los escritores que yo amo, especialmente a Vladimir Nabokov, es como algo que me enloquece. Amo *Pale Fire* en particular. Esa novela es una novela muy de campus, muy del mundo universitario, y en el momento en el que la leí, para mí estaba un poco todo ahí lo que a mí me interesaba. Obviamente también me encanta *Lolita*, me encantan sus clases. Pero lo que siempre me divirtió, y que lo relaciono con Vargas Llosa que fue uno de los primeros autores de los que yo me enamoré, es la forma en la que él se divierte increíblemente cuando escribe. Para mí hay escritores extáticos y después hay otros escritores que me interesan, etcétera. Pero Nabokov consigue éxtasis cuando él escribe. A Martin Amis, por ejemplo, también le interesa el tema del éxtasis y también puede trabajarlo y era algo que yo había percibido así de niña leyendo *Pantaleón y las visitadoras*, de Mario Vargas Llosa, que me había alucinado completamente, pero porque había encontrado que se podía hacer algo con la novela que yo no sabía que se podía hacer: podías desternillarte de risa y podías generar un estado de violencia contra las ideas que yo nunca había visto antes. Me interesan los escritores donde yo siento que hay mucha intensidad de ideas, donde siento que hay mucha agresividad reconvertida en prosa. Eso es algo que me fascina. A veces lo siento en Horacio Castellanos Moya, siento igual que a veces su estilo termina muy bergeriano, pero que esa intensidad está ahí. La siento a veces en Margo Glantz. Ahora leo solamente gente que está viva, pobre Borges [se ríe].

Borges también está revivo para mí. De hecho lo siento cada vez más cercano porque fue una lectura mía más de adolescente y después ya a los 19, 20 ahí caí, me enamoré para siempre. Hay como una veta de Borges que para mí es muy twittera, que me hace sentir que es mi contemporáneo total. Como la forma en la que él se mete en polémicas, la forma en la que él interviene en la política y la forma en la que él se arroga para sí mismo el estatus y la gloria de ser un enemigo del Estado. En ese momento el Estado, que lo signa él como enemigo, es el Estado peronista que se vería desde una perspectiva no neoliberal, entonces más positivo que el Estado neoliberal, porque puede tener un tinte nostálgico y porque Evita y el amor, como decía Ariel, y todo eso. Pero en ese momento era como la primera experiencia de lo más parecido a algo totalitario en Argentina, donde la madre de Borges había ido presa, la hermana también por dos días por protestar, Victoria Ocampo había estado presa 42 días, él, Borges mismo, había perdido su trabajo por no ser como amigo del régimen. Entonces fue una experiencia súper intensa donde Borges eligió ya prontamente de qué lado iba a estar y la forma en la que él se jugó. Y jugó eso hasta el final porque, en realidad, lo condenaron tanto por eso. Nunca claudicó en estas ideas, que no eran ideas de gorilas en sí, sino que tenían que ver con esta memoria y con esta dignidad del enemigo que él también había elegido para sí y le había dado una épica a su literatura que a mí me fascina.

GREG DAWES: ¿Leíste el libro de Alan Pauls sobre Borges?

POLA OLOIXARAC: ¿*El factor Borges*? Sí, me gusta mucho cómo está diagramado. Parece que en ese momento Borges estaba leyendo Derrida entonces tenía algo postestructuralista que me parece muy divertido. Parece que Alan es un gran esteta, un prosista muy bueno y que tiene mucha sensibilidad para ese rococó de lo francés que me parece que lo hace muy bien.

PREGUNTA: Me encantó la referencia a las continuidades que, a pesar de los cambios tecnológicos, Pola identificó entre radio y Twitter y los cambios y continuidades de identidades según el contexto. ¿Qué cambios y continuidades percibís, Pola, en la literatura latinoamericana actual con respecto a la época del *boom*? ¿Hay una continuidad más allá de la diferencia radical que a primera vista existe? ¿Qué juego se establece con los mercados norteamericanos y europeos de conservación internacional?

POLA OLOIXARAC: A mí me da la sensación que, como siempre en el mercado, hay algo de juego de espejos en relación al pasado. Entonces siempre tiene el presente como una manera de *vouch* o de picado de dignidad que da el hecho de ser de izquierda, por ejemplo. Entonces me parece que muchos autores tienen muchísima ansiedad para rápidamente estando solicitadas, estando siempre del lado del bien y que no ser jamás como acaso estar o neutros o, no te diría flirteando, pero sí, dando el brazo a torcer a la derecha neoliberal. Yo creo que existe todo un campo, eso que para mí es bastante retrógrado, porque no está pensando lo político concreto, sino que está actuando según lo que vienen a ser las buenas formas, como hablaba Ariel, o estas formas de existir en tanto como la *performance* virtuosa de lo que se espera de un ciudadano de las letras globales. "¿Y yo como latinoamericano qué puedo hacer?" Y, vengo del país del Che Guevara y tengo que ser de izquierda. A mí me parece que esa es una posición muy acrítica y que, en este contexto, es una posición despolitizada, te diría, es trivialmente politizada. Es como decir, "Me adscribo a algo porque pongo causas en Facebook y eso me protege de tener que tener un pensamiento político concreto".

Pensamos en esta manera automática de ser virtuoso, del escritor latinoamericano que tiende a adscribir a la izquierda, como si eso pudiera generar el espejismo de un *boom* o una escritura de *boom*, etcétera. Me parece que además, por otro lado, hay otros fenómenos, por ejemplo, hay muchas más escritoras mujeres que están publicando ahora y, que si lo comparás con el *boom* de los 70, que eran todos hombres, eso ya cambia muchísimo. Después también es muy interesante que la mayoría de las escritoras que producen y que circulan escriban de género y escriban del género horror, eso también me parece muy interesante. Lo latinoamericano que es horror, vamos a narrar horror, vamos a hablar de cosas horribles, vamos a crear nuestro gótico. Eso me parece que es muy interesante. Me parece que forma parte de la manera en la que el mercado actual funciona. Yo veo a muchos escritores varones que están un poco que no saben muy bien, que están vendiendo ellos, que no están vendiendo horror, que tienen pito. Les tocó eso y dicen, "La mía es ser de izquierda". Me parece que tienden a creer que hay un reflujo de una virtud de la izquierda de por sí que ya te confiere el ser buena persona cuando, en rigor, ahora está tan mutante la situación en América Latina... Por supuesto, te podés considerar una persona de izquierda porque sos crítico, pero también tenés que observar que tenés tremendas dictaduras como la venezolana, como la cubana, y ahí tampoco hay derechos humanos que la salven. Hay un punto donde ese discurso de la virtud que en los años 60 era sostenible y ahora en 2023, no lo es tanto. Lo que yo no observo es que haya una renovación de ese discurso crítico, o sea, yo no encuentro voces interesantes de la izquierda que me hagan creer en la Revolución, por ejemplo, cuando a la vez se callan las cosas que hacen en Cuba y en Venezuela. A la vez, por supuesto, también veo lo que pasa con las cárceles de Bukele y digo, "Esto es algo terrible". Pero en un punto, la izquierda tiene la virtud y la derecha tiene la moral. Esos discursos no terminan de organizarse para generar un discurso intelectual más pregnante.

ARIEL SCHETTINI: El *boom* es el momento de entrada al mercado, sobre todo al mercado europeo-norteamericano de la literatura latinoamericana.

Hasta ese momento, la literatura latinoamericana es una cosa que no importa en el mundo y, de repente, a partir de los años 60, aparece la literatura latinoamericana justamente empujada por la revolución en el mundo. Entonces aparecen estos escritores, si vos querés internacionales, no globales, pero sí internacionales y los problemas que plantean esos escritores. Quiero retomar: vos hablaste de Vargas Llosa, que es un escritor que yo no leo hace mucho porque no me parece que haya nada interesante en su obra. O sea me parece que lo de Vargas Llosa es de los 60 hasta 1986, hasta esa novela que llama la *Historia de Mayta*, donde dice, "Pego una vuelta, voy a la derecha".

POLA OLOIXARAC: *Travesuras de una niña mala* a mí me encanta.

ARIEL SCHETTINI: No puedo hablar bien de eso, pero sí puedo hablar muy bien de ese momento anterior super experimental de la obra de Vargas Llosa, que tiene cosas interesantísimas. Recuerden en ese momento de *La guerra del fin del mundo* donde el ingeniero ya está palmo, está por morir y lo ponen en esa cabaña donde el tipo –miren la imaginación narrativa de Vargas Llosa–, hace 20 días que está haciendo huelga de hambre, y las mujeres del pueblo de Canudos lo están apañando. Ya es el final casi de la novela también, porque ahora va a intervenir el ejército brasileño, el tipo medio que se caga, que ya está pudriéndose, así explicaba Vargas Llosa. Entonces, sin decir nada, todas esas mujeres del pueblo hacen una fila, se untan en esa mierda del tipo y se hacen la señal de la cruz, y luego se vuelven a entrar y lo comen como si fuera una hostia. Entonces miren ese momento de la política latinoamericana donde aparece todo mezclado: la fé, la adoración, lo irracional, la locura, la religión, los católicos, todo junto en esa escena. Es una escena totalmente inventada por Vargas Llosa, por supuesto, esa escena imposible de ser relatada porque no hay testigos de eso. Esto para decir, ahí es otro momento.

Ahora hay otro momento que es que los escritores latinoamericanos son su agente, es decir, es un proceso de mercantilización total de lo narrativo. Escritores sin agente son unos pelotudos. Son una gente que no importa. Lo que nos importa es cómo circula el universo del "agente". Del mismo modo que existen los agentes de futbolistas latinoamericanos, que son chicos que a los 15 años los van buscando por las villas miserias para llevarlos a Barcelona, a Manchester, a esos lugares donde después van a crearse los Messi, los Agüero, etcétera. Yo nací muy cerca de la villa donde nació Kun Agüero, entonces conozco perfectamente ese sistema de los agentes europeos y norteamericanos buscando en las villas quién es el nuevo Messi. Lo mismo podríamos decir de los escritores latinoamericanos, buscando desesperadamente el agente que los va a poner en la crítica de *The Guardian* con problemas. Porque después viene *The Guardian* y te agarra y te pasa lo que le pasó a la última novela de Mariana Enríquez que la mató prácticamente. Ahora hay este otro momento de la literatura, que es el momento que ya estamos totalmente en el mercado norteamericano. Penguin es casi la única editorial en América Latina, o una de las pocas en este momento en América Latina, y Penguin y Random House dominan totalmente el mercado. Y entonces estamos por supuesto las personas que nos dedicamos a la literatura de un modo profesional desesperadamente buscando esas otras editoriales que no tienen agente, que no son editoriales norteamericanas, que producen 300 ejemplares para un círculo elitista y selecto que es donde se produce la mejor literatura latinoamericana.

POLA OLOIXARAC: Yo primero publiqué en Entropía y la mayoría de los autores siguen apareciendo así. Por ejemplo, una novela como *Cometierra* también apareció con una editorial chiquita. Sí, las editoriales pequeñas siguen funcionando totalmente como un lugar donde aparecen las primeras novelas.

ARIEL SCHETTINI: Como un semillero. El potrero para los futbolistas. Aparece como la editorial independiente que muestra el momento de surgimiento de un material, de una estética, de un elemento.

GREG DAWES: ¿Y qué tal en el caso de una editorial como Eterna Cadencia?

POLA OLOIXARAC: Eterna Cadencia me parece que es diferente porque es una editorial que además tiene una librería, que tiene un festival. Es una de las grandes fortunas del país que me parece precioso. Encontró una veta cultural para diseminar libros.

ARIEL SCHETTINI: Es un poco una tradición latinoamericana. O sea, Sur y Sudamericana es eso, Fondo de Cultura Económica empezó así. Las grandes editoriales empezaron con las grandes fortunas y las personas que tienen inquietudes culturales de esa familia, que son siempre las ovejas negras de acuerdo con lo que hablamos. Ampersand es así, por ejemplo, que es una editorial maravillosa que hay ahora en Buenos Aires; Adriana Hidalgo es así. O sea, hay un montón de editoriales de ese tipo que son millonarios. Miren la colección del Malba y que tenemos la suerte de tener en América Latina, que es una colección espectacular para cualquier persona que le interese la cultura del siglo XX en América Latina y que está hecha por este millonario. Es un tipo que se le cantó comprar arte.

POLA OLOIXARAC: El mundo neoliberal no es tan malo al final si finalmente ponen un museo.

Día 2 - JORGE VOLPI con Héctor Jaimes

GREG DAWES: QUIERO DARLES la bienvenida a este segundo conversatorio que tenemos en esta serie, que es una manera de celebrar los veinte años de la revista *A Contracorriente: una revista de estudios latinoamericanos*. Tenemos el honor de tener a Jorge Volpi, el renombrado escritor mexicano, con nosotros. Es licenciado en Derecho y maestro en Letras Mexicanas por la UNAM y doctor en Filología Hispánica por la Universidad de Salamanca. Ha sido profesor en las universidades de Emory, Las Américas de Puebla, Cornell, la Católica de Chile, Princeton. Desde el 2022, es representante de la UNAM en España y vive en Madrid.

Es autor de numerosas novelas, entre las que se destacan la *En busca de Klingsor* (1999), *El fin de la locura* (2003), *Tiempo de cenizas* (2006), *Memorial del engaño* (2014), *Una novela criminal* (2018), y *Partes de guerra* (2022). Los ensayos que ha escrito son *Mentiras contagiosas* (2008), *El insomnio de Bolívar* (2009), y *Leer la mente* (2011). También es autor de *Examen de mi padre* (2016). Sus libros han sido traducidos a treinta idiomas.

Ha obtenido los premios Biblioteca Breve, Deux Océans Grinzane Cavour, Planeta-Casa de América de Novela, y el Alfaguara en 2018. Ha sido becario de la Fundación Guggenheim y del Sistema Nacional de Creadores. En 2009 recibió el Premio José Donoso de Chile por el conjunto de su obra. Ha sido condecorado como Caballero de la Orden de Artes y Letras de Francia y con la Orden de Isabel la Católica de España.

Héctor Jaimes va a ser el interlocutor. Es mi colega acá en la Universidad Estatal de Carolina del Norte, donde es profesor titular de literatura latinoamericana. Ha publicado dos libros: *Filosofía del muralismo mexicano* y *La reescritura de la historia en el ensayo hispanoamericano*. Asimismo, ha sido el editor principal de seis libros: *Pedro Ángel Palou y la novela infinita: Lecturas críticas*; *Mario Bellatin y las formas de la escritura*; *The Mexican Crack Writers:*

History and Criticism; *Tu hija Frida: Cartas a mamá*; *Fundación del muralismo mexicano: Textos inéditos de David Alfaro Siqueiros;* y *Octavio Paz: La dimensión estética del ensayo*.

HÉCTOR JAIMES: Muchas gracias a Greg y muchas gracias, Jorge, por aceptar la invitación de este conversatorio. La idea de estos conversatorios es hacer un diálogo con escritores en conmemoración también del vigésimo aniversario de la revista. Lo interesante acá es pensar en escritores que están produciendo un material muy importante, muy crítico, inclusive para los críticos. El conversatorio que he preparado tiene cuatro áreas temáticas: 1) México y Latinoamérica en la escena mundial, 2) El lugar de la literatura, 3) Literatura y política y, al final, 4) La era digital posthumanista.

Quisiera comenzar, Jorge, con una cita tuya, que la encontramos en el libro *Examen de mi padre*, en la sección cuatro "El corazón o de las pasiones". Al final de esta sección leemos lo siguiente: "Vivimos en una época 'sin corazón'. Con su obsesión por defender a los empresarios del demonio del estado, el neoliberalismo ha querido eliminar cualquier impulso solidario entre nosotros. Por cursi que suene el eslogan, el corazón está a la izquierda". Me encanta este libro. Me encanta la idea de que se toque algo tan personal como la memoria del padre con el cuerpo, que es un cuerpo humano, pero es un cuerpo nacional.

En ese sentido, Jorge quería que reflexionaras cómo ves tú esa posición tan particular que tiene México dentro del mundo capitalista, dentro del mundo neoliberal, que es una posición obviamente curiosa ¿verdad? Porque, como decimos, "Tan lejos de Dios, pero tan cerca de Estados Unidos". Es una relación compleja, pero muy interesante. Yo me acuerdo, por ejemplo, la primera vez que fui a México, tendría 19 años, fui de Venezuela de visita y en ese año 84-85, yo me dije, "Yo quisiera que Venezuela fuera como México. Es un país industrial, es un país que tiene una presencia". Sin embargo, para los mexicanos, para ti estoy seguro, México no es lo que tú quisieras que fuese. Entonces, ¿cómo ves a México dentro de este lío neoliberal, capitalista, etcétera?

JORGE VOLPI: Primero que nada, muchas gracias a todas y a todos por acompañarnos. Muchísimas gracias, Greg, y muchísimas gracias, Héctor, por la invitación, por la presentación. Realmente, como siempre, encantado de estar participando en este tipo de actividades y en este foro de celebración, además, con escritores que admiro y con los que convivo con frecuencia en España. Así que encantado.

Para ya ir respondiendo a tu pregunta: sí creo que, justo en este momento, México no deja de ser un lugar muy paradójico al referirnos, justamente, al entorno neoliberal. Tenemos por primera vez un gobierno que se dice de izquierda, que emana de un movimiento político en donde participaron muchos activistas efectivamente de izquierda. Y en donde el presidente, Andrés Manuel López Obrador, todas las mañanas da una conferencia de prensa a la que se suele llamar "La mañanera", en la que el mayor insulto que le endilga a sus adversarios es "Siempre ser o conservador o neoliberal", queriendo afirmar por lo tanto que él se encuentra en el otro lado del espectro político. Lo paradójico no deja de ser que, aunque el discurso, en efecto, del presidente López Obrador, que es en buena medida en contra de lo neoliberal, buena parte de las medidas que ha tomado en su gobierno son claramente neoliberales, de tal forma que es una prueba más de la casi-parece–imposibilidad de salir del nudo neoliberal en el que nos hemos sumido precisamente desde los años a los que te estabas refiriendo, en alguna medida, Héctor, cuando estábamos conversando antes de iniciar ya esta conversación.

Es decir que, a partir de la caída del muro de Berlín, de la disolución o de la implosión de la Unión Soviética, de la desaparición de esa otra posibilidad de organización política y social con lo que implicaba para el resto del mundo, en efecto, nos deslizamos en una época que no ha dejado de estar marcada, en todas partes y en todas sus vertientes, salvo casos muy contados en el mundo, por el dictado neoliberal y más o menos por los parámetros del consenso de Washington. Por un lado, un parámetro neoliberal por excelencia que es la exacerbación de la vieja idea liberal de Adam Smith. De esta metáfora, que no deja de ser interesante ahora que estábamos hablando sobre el cuerpo, en este caso, no sobre el corazón, sino sobre la mano, o sea, la mano invisible del mercado, que, en el paradigma de Smith–que no dejaba de ser un hombre que tenía una profunda venda solidaria–, en su formulación original–que utilizó, además, muy contadas veces realmente en su obra, pero que en cualquier caso se ha vuelto tan famosa–que implicaba la idea de que lo mejor para el desarrollo de la sociedad era el egoísmo, porque el egoísmo y el interés propio terminarían provocando que quienes quieran enriquecerse terminen alimentando la maquinaria económica haciendo que, eventualmente, esa riqueza se derrame, gracias justo a la mano libre del mercado, hacia los sectores más desfavorecidos.

El paradigma neoliberal en manos, ya más adelante, de figuras como Hayek o como Friedman como teóricos, y sobre todo en la práctica con la llegada de Ronald Reagan y Margaret Thatcher al poder en Estados Unidos y Gran Bretaña, pues terminó convirtiéndose en ese paradigma permanente en el que el interés propio y el egoísmo están en el centro de todo. Eso ha terminado por contaminar tanto a la derecha como a la izquierda, tanto al populismo como a los regímenes democráticos. Es como si casi pareciera imposible escapar del molde neoliberal que implica un recetario que contiene la reducción del Estado a su mínimo, la desregulación de los mercados, el enfoque sobre todo en lo macroeconómico mucho más que en los programas sociales, en el desmantelamiento de la capacidad de acción del Estado y en la entronización del egoísmo como fuerza motora de la sociedad.

En el caso de México, no deja de ser por lo tanto peculiar que contamos, efectivamente, con un gobierno en el que su discurso le parece que lo peor que puede ocurrir es ser neoliberal, pero que, al mismo tiempo, ha tomado medidas constantemente neoliberales, por ejemplo, en la reducción de la capacidad operativa del Estado, que ha sido una de las decisiones del presidente López Obrador desde el principio de su gobierno. Así que ahí está la paradoja: ¿Cómo salir del neoliberalismo?

HÉCTOR JAIMES: Ahora, sin embargo, yo creo que las historias de los desarrollos de países que hicieron una revolución radical–pensando en China, pensando en Vietnam, particularmente ellos porque son países donde los partidos comunistas están en el poder–, estos países han llevado a cabo, y ejecutan todos los días, un proyecto capitalista. O sea, ellos no denigran el neoliberalismo, o por lo menos no oigo grandes discursos de estos países diciendo, "el neoliberalismo, el capitalismo es horrible", sino, más bien, quieren más capitalismo. Uno podría pensar que quisieran, más bien, desarrollar el capitalismo en toda su extensión para luego–un "luego" infinito, puede ser en 50 años, en 100 años–hacer, tal vez, un giro muy milimétrico hacia un socialismo. Pareciera que esos países tuvieran ese privilegio de decir, "Tenemos partidos comunistas en el poder, pero podemos hacer estos juegos". Pero Latinoamérica pareciera que no pudiera decir, "Quiero más capitalismo", sino tienen que enfrentarse. Quiero saber qué piensas, si ese cambio milimétrico, inclusive en México, podría ocurrir, en el sentido de que no es posible en este momento salir del neoliberalismo; si realmente existiera un progreso o un proceso que cambia históricamente, si ese neoliberalismo va, en algún momento, a ceder a otro espacio.

JORGE VOLPI: Lo que pasa es que ahora no lo vislumbramos. Eso es, quizás, un poco lo más dramático de nuestra época. Creímos, sobre todo durante la gran crisis, la gran recesión de los años 2008-2009 —empieza desde el 2007, pero que se manifiesta sobre todo esos años, 2008, 2009—, que en esa terrible catástrofe económica, que representó justamente la desregulación absoluta de los mercados, sobre todo los mercados financieros sofisticados y de los nuevos instrumentos financieros sofisticados, que hablaba sobre la posibilidad de un fin del neoliberalismo como se había entendido desde los años 80, y la posibilidad de acceder a otra cosa. Simplemente no ocurrió. Lo que terminó ocurriendo es la mayor transferencia de recursos económicos de la clase media a los ricos para tratar de paliar esa enorme recesión con una crisis, sobre todo de la que padecieron los pobres y la clase media, y que terminó, simplemente, volviendo a reacomodarse en el modelo neoliberal sin que veamos ninguna otra salida.

Entonces tenemos vertientes del neoliberalismo muy distintas: ese capitalismo de Estado que, como dices, se practica en China o en Vietnam, pero que no deja de tener una clara lógica también neoliberal; el neoliberalismo que impera en la mayor parte del resto del mundo, salvo excepciones—tal vez Cuba o Corea del Norte puedan salvarse un poco de esa lógica—, pero fuera de eso, el resto del mundo está en esa misma. No deja de ser muy claro cómo la política económica, por ejemplo del presidente López Obrador, es prácticamente idéntica a la política económica de sus predecesores neoliberales. Esa estabilidad macroeconómica se lleva a cabo precisamente manteniendo exactamente las mismas políticas de control económico que se aplicaban anteriormente. Es muy difícil salir de esa lógica. Eso no quiere decir que no haya una perspectiva de izquierda que pueda inventar otras opciones, matizar ese neoliberalismo con cierta política social, pero, aun así, lo que impera, sobre todo, es una lógica liberal.

HÉCTOR JAIMES: Como decía anteriormente, muchos países por un lado aspirarían a tener el capitalismo de México, por otro lado, aspirarían a tener la producción cultural de las editoriales, la presencia de la cultura que existe en México. Sin embargo, yo sé que en México los debates son muy grandes porque México, a pesar de ser un país que produce muchos libros, mucha cultura, hay mucha gente que dice que "el mexicano no lee", que hay una desproporción entre producción literaria y lectores. Sin embargo, hay editoriales con una presencia impresionante. ¿Cómo ves el rol de estas editoriales en este proceso de mercado, de cultura, de resistencia, etcétera?

JORGE VOLPI: En efecto, México ha sido un país digamos que, desde la Revolución Mexicana, apostó que la cultura estuviera en el centro de la vida política y social. Eso sí: lo hace distinto de buena parte de los países de América Latina y, en general, de muchos de los países del mundo. Siempre hubo una cierta idea de que había que apoyar la cultura desde el Estado y, al mismo tiempo, permitir una cultura empresarial paralela.

En los últimos años, en todas las estadísticas, todas las encuestas que lleva a cabo, por ejemplo, la CELAC [La Comunidad de Estados Latinoamericanos y Caribeños], México sí es uno de los países con índice de lectura bastante bajo, comparado con otros países de América Latina y comparado, desde luego, en términos globales, un lugar realmente muy bajo en la tabla. El más bajo, o uno de los más bajos, por ejemplo, en la ODCE [Organización de Cooperación Económica]. Eso no quiere decir que México no sea una gran potencia cultural, que tiene que ver con su historia, con su tradición, con el apoyo estatal, que, pese a los recortes presupuestales constantes, se ha mantenido. Pero, por otro lado, tiene que ver, también, con que seamos el país más grande de lengua española. Casi ciento treinta millones de habitantes, que hacen que el mercado cultural sea importante, pero, sobre todo, por el número de habitantes, no si vemos, per cápita, de número de electores o de número de personas que consumen o que compran productos culturales. Tenemos una producción de un mercado literario interesante e importante en esa medida, pero que no se corresponde con el tamaño del país y que habla, sobre todo, de lo otro que caracteriza a México, y en general a toda América Latina –pero México es un caso clarísimo–, que es esa enorme desigualdad que vive nuestro país. Una desigualdad económica que también tiene un sustrato de desigualdad cultural, donde son muy pocos los que compran muchos libros de esos que se producen, y la gran mayoría de las personas no son lectoras y, por lo tanto, no leen libros ni adquiridos en las librerías tampoco en las bibliotecas. Luego tenemos el fenómeno más reciente de en qué medida se está leyendo, sobre todo los jóvenes, en otros dispositivos: libro electrónico, tabletas y, sobre todo, teléfonos celulares, transformando el acto de lectura en esa medida. Entonces, sí, México no deja de ser una gran potencia cultural y una gran potencia editorial, pero tiene que ver más con el tamaño y la población que tenemos que realmente con el índice de lectura que hay en nuestro país.

HÉCTOR JAIMES: Pensando en tu obra, quería hacer una pequeña reflexión sobre cómo se conecta tu obra con grandes temas. Quisiera comenzar con el libro con el que ganas el premio Biblioteca Breve, *En busca de Klingsor*, que fue un libro que abrió un espacio importante. Sin embargo, no sabíamos los lectores lo que venía después. O sea, vino *El fin de la locura*, vino *Tiempo de cenizas* y, leyendo tu obra, si uno la lee con mucho detalle, vamos a encontrar que tú, en principio, tenías una especie de encanto por el psicoanálisis, pero que, según entiendo, hubo luego un desencanto. Ahora, no sé si ese desencanto vino antes o después, pero *En el fin de la locura*, el tema del psicoanalista y de las izquierdas y de la locura o de los locos de izquierda o la locura en general, está muy presente. ¿Qué nos comentas de esa relación del psicoanálisis, de esa revisión de las izquierdas, o de la locura de las izquierdas que tocan Francia (mayo del 68)? Pero que, obviamente, toca también las izquierdas latinoamericanas, como las señalas en ese libro.

JORGE VOLPI: Respecto al psicoanálisis, yo desde que estaba en la escuela preparatoria, tenía dieciséis años, devoraba libros de Freud como si fueran novelas, porque quizás, en alguna medida, lo sean. Después de eso terminé leyendo psicoanálisis en general. Mi encanto siempre fue un encanto respecto, por ejemplo, a la parte más conceptual del psicoanálisis sin saber claramente si esa eficacia terapéutica existe o no. Hubo un momento en el que Freud claramente renuncia a la parte más científica de su obra para tener una parte profundamente especulativa, que no deja de ser fascinante. Y eso es lo que yo he querido demostrar, esa fascinación, pero siempre crítica, respecto al psicoanálisis en los libros que le he dedicado al tema que han sido, sobre todo, esas dos novelas: *El fin de la locura*, que tiene como uno de los personajes centrales a Jacques Lacan y, más adelante, *La tejedora de sombras*, que está por editarse con el nombre de Cristiana, que tiene como protagonista a otro psicoanalista importante que es Carl Gustav Jung. En los dos casos hay una mirada, lo mismo, de admiración pero también de enorme crítica, que es muy crítica en general a todos los sistemas omnicomprensivos, aquellos sistemas de pensamiento que creen que pueden explicarlo todo a partir de una serie de postulados que no dejan de ser, y parecerme, ideológicos o, para decirlo en otro sentido, fantásticos. El psicoanálisis podría, parafraseando a Borges, ser otra rama de la literatura fantástica también, en alguna medida.

El fin de la locura es una novela quijotesca, una novela que rinde homenaje al *Quijote,* y que habla, en efecto, del protagonista, que es un psicoanalista lacaniano, Aníbal Quevedo, que termina enloqueciendo, no leyendo libros de caballerías, sino leyendo—como dijo mi amigo Fernando Iwasaki—libros de *progresías*, libros de la izquierda teórica, sobre todo francesa que por los años 60 y 70, más adelante a todo el ámbito latinoamericano, y cómo eso transformó la manera de pensar de la izquierda latinoamericana. De eso trata un poco esta novela.

HÉCTOR JAIMES: Sin embargo, eso que dices me hace pensar a mí como crítico: tú criticas la idea de explicarlo todo, sin embargo, tu obra es, al mismo tiempo, totalizante. Por otro lado, pareciera que quisieras explicarlo todo y es algo que me parece muy curioso, muy interesante que da para mucho. Porque la novela que sigue, *Tiempo de cenizas*, es una obra maestra de la historia del siglo XX. Es impresionante cómo captas datos históricos, datos ideológicos y lo puedes conjugar todo. Es una novela totalizante en ese sentido. Sin embargo, uno se filtra a través de esa novela, pareciera, entonces, que no hay una resolución ideológica, sino hay una resolución, tal vez, racionalista de las cosas. Lo que yo llamaría poshumanista. ¿Qué comentario tienes?

JORGE VOLPI: Bueno, como dirían los españoles, "Creo que me has pillado". O sea, en efecto, yo critico los sistemas omnicomprensivos, pero es cierto que, a lo mejor, yo intento practicarlos tanto en la ficción como en la no ficción. En efecto esas tres novelas *En busca de Klingsor*, *El fin de la locura* y *No será la tierra,* que terminó llamándose *Tiempo de cenizas,* podremos prolongarla hacia el *Memorial del engaño,* intentan un retrato completo desde fines del siglo XIX hasta principios del siglo XXI. Entonces sí parece que hay ahí la misma ambición totalizadora que a veces critico, tal vez, está presente ahí en mi propia perspectiva de lo que debe de hacer la literatura. Si a eso añadimos que el libro que voy a publicar próximamente en el mes de octubre es un ensayo—y es un ensayo lo más omnicomprensivo que he escrito—, es una historia de la ficción [*La invención de todas las cosas: Una historia de la ficción*], de todo tipo de ficciones, desde los orígenes hasta nuestros días– el libro más extenso que escrito de todos los que he escrito–, bueno, pues sí, creo que tienes toda la razón en que, a lo mejor, yo mismo estoy ahí dándole la vuelta, en bucle, a lo mismo que me fascina y que critico.

HÉCTOR JAIMES: Pero precisamente, me da la impresión que *Tiempo de cenizas* abre la puerta a decir más o menos esto: que como las ideologías o los sistemas ideológicos Estados Unidos-ex Unión Soviética son sistemas con muchos problemas, la búsqueda por la resolución o control del genoma humano que aparece en la novela daría la idea a lo que yo llamaría una resolución poshumanista, que creo que toca un poco, de muchas maneras, tus ensayos sobre la mente, etcétera, en el sentido de decir, "Bueno, como no hay una resolución ideológica, tal vez el control de la mente, el control, digamos, de la sociedad a través de la tecnología pudiera ser como se van a desarrollar las cosas", es decir, la historia que viene va a ser una historia desarrollada y dominada por la tecnología, y las ideologías que se vayan al infierno. No sé cómo ves eso...

JORGE VOLPI: Me parece interesante tu planteamiento. Simplemente habría que decir que, incluso, uno de los problemas, tal vez del neoliberalismo, es hacernos creer que la técnica o que la ciencia no son ideológicas. En realidad, en el fondo, tanto la tecnología como la ciencia misma también tienen un componente ideológico como hemos visto a lo largo de la historia. No existe la tecnología o la ciencia neutra. O sea, a fin de cuentas, están también mostrando un cierto paradigma de poder. Y creo que, justamente, lo que está pasando en el desarrollo durante los primeros años del siglo XXI en torno a la genética y en los últimos años, este último decenio y sobre todo estos últimos años recientemente con la inteligencia artificial, detrás sigue habiendo una matriz neoliberal. Sigue habiendo una matriz sobre cómo controlar precisamente al individuo entendiendo, otra vez, que el saber que se articula en torno a cómo estamos hechos, tanto en términos genéticos como en términos neurocientíficos, es decir, cómo está hecho tanto nuestro cuerpo como nuestra mente, termina siendo, o puede terminar siendo, otra forma de control y eso es lo que pueda, tal vez, volverse más peligroso.

HÉCTOR JAIMES: Cuando releía *Examen de mi padre*, cuando releía otros textos tuyos, me hacías pensar también en lo siguiente: En muchos de tus libros se debate la cuestión de qué predomina: si la mente, si las pasiones... Hay como una lucha de definir qué nos define a nosotros los seres humanos. Pero últimamente veo que hay–pensando por ejemplo en *Partes de guerra*–un deseo de que la mente sea quien gane, por decirlo así. Tal vez la palabra *ganar* no sea la más apropiada, pero, tal vez, que *prevalezca*. Entonces esto me hace pensar algo que pudiera ser desconcertante o lo que es. Si todos somos cerebro o todos somos nuestro cerebro, y todo lo que al final la mente domina–y esto es algo que históricamente lo podemos ver con la *téchne* griega, las tecnologías, etcétera–¿esto de alguna manera no disminuye el rol humanista de la literatura? O sea, la literatura pudiera convertirse en algo simplemente dominado por las máquinas, la inteligencia artificial, o algo así. O sea, ¿al final no desaparecería todo?

JORGE VOLPI: En los últimos años he terminado por creer, efectivamente, que tanto en mí como en una visión que tal vez domina todavía nuestra época, parecería como que la mente... como que la razón es lo que domina nuestro actuar como seres humanos. Y a mí me queda cada vez más claro y ese es, quizás, el planteamiento central de *Partes de guerra*, la novela más reciente que he publicado, que es mucho más probable que sea lo contrario: somos sobre todo criaturas emocionales mucho más que criaturas racionales. Casi todo lo que decidimos lo terminamos decidiendo a partir de la parte emocional y no de la parte racional en un porcentaje altísimo. Nosotros seguimos creyendo que somos racionales y que la razón guía la mayor parte de nuestros actos y estamos comprobando día con día que, en realidad, no es así, sino las emociones están guiándonos todo el tiempo. Si vemos lo que está pasando en este Super Tuesday en Estados Unidos, pues es una manera muy clara de ver cómo las votaciones están siendo derivadas de una decisión puramente emocional y no racional, si no no estaría pasando lo que está pasando precisamente en estos momentos por ese lado del Atlántico.

Yendo a la segunda parte de la pregunta que es si la inteligencia artificial no puede... Aun si nosotros festejamos que la inteligencia artificial de repente sea la creadora de nuevas ficciones que termine siendo quien esté articulando buena parte de lo que seguimos consumiendo, aún así, nuestra relación con esas ficciones aun creadas por la inteligencia artificial va a ser sobre todo emocional. Más allá de que las emociones no existan en la inteligencia artificial misma que las crea.

HÉCTOR JAIMES: Tu respuesta me desconcierta, tumbas todas mis teorías porque en el *Examen de mi padre* decías que tus padres te llamaban "demasiado cerebral". Ahora estás diciendo que las emociones son las pasiones. Muy bien. En ese mismo espacio de la inteligencia artificial y de las tecnologías está la cuestión de la lectura. Creo que el lector de hoy entra en una categoría bastante fragmentaria. Creo que hay menos tiempo para leer estas grandes novelas, la vida se consume de una manera muy instantánea. Y creo que debería haber, tal vez, una lucha. ¿Qué piensas entre el escritor que tiene estas ideas de peso, estas ideas, digamos, importantes en un lector que anda todo el tiempo en una vida rápida para ver cómo sobrevive o qué consume o qué sucede? Bauman lo llama "la vida líquida".

JORGE VOLPI: Sí, estamos en esta era que también ahora los economistas llaman precisamente de "economía de la tensión", es decir, asumir que todos somos sobre todo consumidores –otra vez tiene una mirada claramente neoliberal– y como consumidores tenemos un tiempo limitado. Si descontamos las horas que dedicamos al sueño, las horas que dedicamos al alimento, las horas que dedicamos al trabajo, ¿cuántas horas nos quedan para lo demás? Que puede ser tanto para el arte como para el entretenimiento como para el deporte. Pues son muy pocas. La competencia por llenar esas horas, entonces, se ha vuelto más brutal que nunca. Y no deja de ser cierto que vivimos una era en donde lo audiovisual y las nuevas tecnologías han confinado a un área cada vez más y más pequeña a la cultura letrada, la cultura que tiene que ver con la lectura a la que tú te estabas refiriendo. Entonces, cada vez tiene una importancia menor en el tiempo de consumo y tal vez por eso tenga una importancia cada vez menor en nuestra vida social y pública la parte de la lectura, lo cual, por supuesto, a mí me parece, pero es una mutación que estamos viendo. Eso no quiere decir que la gente no lea, sino que está leyendo de otra manera, que está leyendo de maneras fragmentarias: leen todo el día cosas en los teléfonos inteligentes – son en realidad computadoras de bolsillo a la que ya estamos conectados como los cyborgs– pero, aún así, lo audiovisual está claramente ganando la batalla de las ficciones que nos dominan en esta época.

HÉCTOR JAIMES: Pareciera también que, precisamente por ese tipo de vida, estos grandes conceptos como *la libertad* estuvieran entonces reducidos a una política identitaria muy pequeña. Estoy pensando en que, obviamente, ya el ciudadano de hoy no se plantea grandes revoluciones ni grandes cambios, sino que vivimos una vida mucho más reducida, un espacio mucho más reducido. La literatura, tal vez, entre entonces como una especie de satisfacción doméstica. Antes el rol del escritor era, tal vez, un poco más público. Ahora es un poco más, tal vez, de seguidores. El rol del intelectual latinoamericano ha cambiado porque la sociedad también ha cambiado. La pregunta sería: ¿Cómo es el rol de la literatura, literatura y política, literatura y resistencia, literatura y libertad?

JORGE VOLPI: Bueno, en la parte de la libertad, justamente, pues cada día estamos comprobando cómo esos espacios auténticos de libertad son muy pequeños. Ya decía yo que la mayor parte de las decisiones que tomamos a veces no sabemos por qué las tomamos, porque ya emocionalmente las hemos tomado con anticipación a lo que la razón es capaz de determinar. Hay un célebre experimento en el que se colocan sensores en distintas áreas del cerebro y sabemos que, antes de que uno decida entre dos opciones, normalmente el cerebro ya mandó el impulso para decidir una u otra. Entonces lo que decidimos de por sí se ha vuelto muy pequeño. Lo sabemos ahora: casi todo es emocional. Y a eso pues, sumando a la segunda parte de tu pregunta, sí el rol del intelectual, en al menos en una parte del mundo donde tuvo una importancia clave –toda América Latina y buena parte de Europa, sobre todo con una inspiración francesa que viene desde la Ilustración, Voltaire y luego pasa por Zola–, esa idea del intelectual como una especie de vanguardia de la sociedad que es capaz de decir y criticar al poder y de que la sociedad deba seguirlo, pues, se ha desmoronado casi por completo. Por un lado, la democratización de las sociedades latinoamericanas –sobre todo a partir de los años 2000, posteriormente, al contrario, la crisis de las democracias y el descreimiento frente a las democracias en los años posteriores y sobre todo el surgimiento de las redes sociales en donde ahora todo el mundo puede opinar y donde todo el mundo opina todo el tiempo– ha hecho que se erosione por completo toda idea de autoridad. Y, por supuesto, la idea de autoridad del intelectual pues ha terminado siendo una de las más golpeadas en medio de esta transformación. Ahora el intelectual puede ser una voz más en un concierto bastante caótico de opiniones, pero difícilmente ya tiene esa función de ser una guía a la que realmente se seguía como ocurría en otros tiempos.

HÉCTOR JAIMES: Retomando la discusión inicial del mundo neoliberal, creo que en este momento pareciera que viviéramos en un momento donde viene un cambio global muy importante. Pareciera como que la crisis climática, la crisis financiera, la crisis migratoria señalan que hay algo que va a cambiar. Por otro lado, volvemos al tema del espacio humano, el espacio de la cultura, el espacio de la literatura; o sea, ¿de qué manera una afecta la otra? ¿de qué manera se dividen? ¿de qué manera se representan? Por ejemplo, yo nunca voy a tratar el tema de la violencia porque me parece ya demasiado abrumador, pero se puede hablar de una "teoría de la violencia".

JORGE VOLPI: Pues yo creo que coincido aquí contigo. Sí, yo creo que tenemos muchos signos de que estamos otra vez en un momento de mutación, en un momento de cambio en donde todos estos rasgos que estás hablando hablan de una época absolutamente inestable, sin asideros, sin claridad respecto al futuro y con una enorme incertidumbre. Y, por lo tanto, una enorme ansiedad a la que se suma la que no habíamos tenido por mucho tiempo que es frente al paradigma que guió todos los años previos a la caída del muro de Berlín, que era la posibilidad de destruirnos como especie en una confrontación atómica. Ahora hemos pasado a darnos cuenta de que no se necesita la confrontación atómica para destruirnos porque estamos llevando al planeta en su conjunto a una posición insalvable: cambio climático, el calentamiento global y todos los problemas ecológicos están ahí como probablemente la mayor amenaza que nosotros mismos estamos provocando. Y eso creo que sí cambia radicalmente la manera de pensar y la va a ir cambiando yo creo de las generaciones sucesivas que precisamente estamos, desde ahora, dejando en el camino con las decisiones que estamos tomando, todavía, en materia precisamente energética y ecológica. Entonces, sí yo creo que estamos en una época otra vez de enorme inestabilidad y que seguramente, en los próximos años, todos estos sectores que estás hablando tú –crisis climática, migratoria, de la democracia, crisis de la idea misma de verdad– van a provocar esta enorme mutación que no sé si nosotros veremos o serán ya nuestros hijos.

HÉCTOR JAIMES: Por cierto, fue un gran logro tu libro *Una novela criminal* donde el tema de fondo es el tema de la posverdad, de la manipulación, de cómo se puede realmente engañar a toda una audiencia a través de una mentira.

JORGE VOLPI: Pues sí. Ese es el caso de Cassez-Vallarta en México. Yo creo que es el inicio, en buena medida, de lo que luego vamos a llamar efectivamente *posverdad*. O sea, la manera cómo la autoridad miente y, sobre todo, cómo miente descaradamente porque la verdad ha dejado de importar. Porque por más que se pruebe que un político miente constantemente una y otra vez, de todas maneras sus seguidores terminan creyendo que es más importante apoyarlo que la verdad misma. Y eso es lo que nos está poniendo en esta coyuntura en la que estamos, en donde un grave peligro es precisamente que un político que encarna precisamente ese desprecio y ese desdén hacia la verdad probablemente termine volviéndose a convertir en presidente de Estados Unidos.

HÉCTOR JAIMES: Seguramente lo has tenido en mente, pero como crítico lo identifico: que la búsqueda de la verdad ha sido también un tema en tu obra. Estoy pensando en este momento *En busca de Klingsor*. ¿Cuál es la verdad detrás de las cosas?

JORGE VOLPI: Ya desde ahí está esta obsesión mía por la verdad y la mentira.

HÉCTOR JAIMES: Que por un lado es un principio filosófico ¿no? O sea, la verdad tiene un correlato con la sociedad. No es una verdad abstracta, es una verdad que toca la sociedad.

Jorge quería agradecerte infinitamente el espacio que nos has dado. Seguimos aprendiendo muchísimo de tu obra y esperamos todavía muchísimo más. Yo creo que este es el comienzo de una gran amistad.

JORGE VOLPI: Bueno ya la hemos ido articulando en estos años.

PREGUNTAS DE LA AUDIENCIA

MARÍA ROSA OLIVERA-WILLIAMS: Muchas gracias por esta maravillosa oportunidad de escuchar a Volpi. ¿Qué papel tiene en la literatura mexicana, especialmente la narrativa, en esta época del neoliberalismo del siglo XXI? ¿Qué papel tiene España para los escritores latinoamericanos? ¿Es posible establecer un paralelismo entre la España de los escritores del *boom* en los años 60 y 70 y la de los escritores latinoamericanos del siglo XXI que se vive en España?

JORGE VOLPI: Muchísimas gracias. Lo que tiene que ver con España: Por un lado estamos atestiguando cómo España, de un lado, ha dejado de ser el centro único neurálgico de la vida editorial en español. España representa menos del 10% de los hablantes de español pero, en cambio, la mayor parte de los libros que se publican y se traducen, y eso está empezando a cambiar. Yo creo que eso es un rasgo positivo que haya un pluricentrismo en la vida cultural del español y que otras grandes ciudades –México, Bogotá, Buenos Aires– estén otra vez teniendo una posición central, y también otros lugares como los propios Estados Unidos, donde la comunidad de escritores en español sigue siendo y está siendo tan vibrante. Pero, por otro lado, también estamos viendo el fenómeno de cómo hacía mucho tiempo que no había tantos escritores latinoamericanos en España. Y eso está también haciendo que cambie drásticamente la literatura latinoamericana y la literatura española que se está escribiendo precisamente en la Península. Así que yo creo que es un fenómeno doble sumamente interesante.

GREG DAWES: Cuando leí *El fin de la locura* pensé en el subgénero de la sátira y me recuerda un poco de Laurent Binet, el novelista francés, o David Lodge, o incluso Pola Oloixarac. ¿Te embebiste de esa tradición o cómo lo viste? O sea, porque yo creo que para nosotros que vivimos esa época –yo soy de la generación después de los años 60–, lo que pasó en Francia, en particular, entre los intelectuales parece tal como lo describes en la novela, como una locura. Esa obsesión con el maoísmo, el despegue de lo que sería el posestructuralismo y como algo que yo creo que Aijaz Ahmad tiene razón cuando dice que eso vino a llenar un vacío después de mayo 68. Me pregunto cómo lo ves tú.

JORGE VOLPI: Bueno, para mí es muy interesante la sátira y el humor como parte crucial de las herramientas literarias. En español, desafortunadamente, nuestra tradición, ese espíritu nace con *El lazarillo*, nace con *la picaresca*, nace con *El Quijote*, pero, a partir del siglo XVI, comienza una era de solemnidad de la que no hemos salido del todo. En otras tradiciones, en la inglesa por ejemplo, la sátira es parte central del cánon literario. En cambio, en la literatura en español, cuando hay un humor o cuando hay sátira, se ve como un género menor. A mí me sigue gustando muchísimo la posibilidad de hacerlo. Recientemente publiqué, el año pasado, en mi libro más reciente hasta ahora, una colección de cuentos [*Enrabiados*] que vuelven a ser cuentos satíricos. Me parece que es muy saludable y habla de la salud no solo de la literatura, sino de la salud de la vida política el que la sátira goce precisamente también de una buena salud.

HÉCTOR JAIMES: ¿Qué depara el futuro para Volpi el escritor? ¿Qué sorpresas nos prepara a sus lectores?

JORGE VOLPI: Bueno, pues está sobre todo la única sorpresa, pero que para mí es mayúscula, que es la publicación de este libro de ensayo. Este ensayo que aparecerá en octubre [de 2024], en donde después de haber tratado de analizar cómo funciona la ficción y el cerebro en *Leer la mente*, partiendo de esas mismas premisas, ahora intento hacer una historia completa de todo tipo de ficciones. En la base del libro es que los seres humanos frente a la realidad sólo podemos reaccionar creando ficciones, ficciones que a fin de cuentas le dan sentido a esa realidad. Entonces el libro comienza en el Big Bang y, a partir de ahí, hace un recorrido completo hasta nuestros días, lo más posible. En esta breve historia de la ficción –aunque vaya a tener 600 páginas debe ser una breve historia de la ficción– en la manera en cómo creamos ficciones míticas, religiosas, sociales, políticas, familiares, amorosas y luego artísticas: literarias, teatrales, cinematográficas, plásticas, dancísticas, todas estas variedades distintas de la ficción que nos permiten creer que el mundo es comprensible.

PREGUNTA: Hablando de la locura en sus obras, el personaje de Eva en *Tiempo de cenizas* me llamó la atención. ¿Cómo podemos entender que su protagonismo en la obra y su trayectoria estén determinados en gran parte por sus problemas psiquiátricos, pensando que la novela, de alguna manera, cuenta la historia del siglo XX a través de la historia de los protagonistas?

JORGE VOLPI: Bueno a mí me parece que lo que llamamos locura son otras maneras de acercarse a lo real. Entonces, estos personajes que parecen estar locos, a veces tienen la lucidez de observar cosas que no vemos los que creemos estar cuerdos. Entonces ahí es donde me gusta siempre jugar en ese margen entre la lucidez y la demencia.

HÉCTOR JAIMES: En el 2024 se cumplen 25 años de la publicación *En busca de Klingsor*, novela que participó en un momento clave en la renovación de la narrativa latinoamericana. Aunque la novela fue acusada en México de extranjerizante, en ella resaltan palpables tus lecturas de Borges y otros escritores latinoamericanos que habían tratado antes el tema alemán, como José

Emilio Pacheco. En este aniversario ¿qué significa para tí esta novela? En perspectiva, ¿cómo te cambió la vida *En busca de Klingsor*?

JORGE VOLPI: Es una novela que me cambió la vida drásticamente. Yo tenía 30 años cuando la publiqué, era un estudiante de doctorado en esa época en Salamanca, una vida de estudiante de doctorado, y la publicación del libro que terminó publicándose en muchas lenguas y en muchas ediciones, que no ha dejado de publicarse desde entonces, que es algo que, todavía más raro probablemente, es un libro que se reedita constantemente desde hace 25 años. Pues para mí es realmente por eso un libro al que le sigo teniendo un enorme aprecio y un enorme cariño. Mi manera de festejar y celebrar esa novela que me cambió la vida es precisamente con la publicación de este nuevo libro de ensayos. Esa va a ser mi manera, 25 años después, de celebrar los 25 años de *Klingsor*. O sea, el libro sigue circulando, se puede seguir encontrando en distintas ediciones. Para mí, la celebración de *Klingsor* es con este ensayo que, para mí, es el ensayo más importante que he escrito y, probablemente, seguramente uno de los que, para mí, es más importante que escribiré. Y eso para mí, qué mejor forma de celebrar un libro que publicando otro.

HÉCTOR JAIMES: Qué interesante lo que dices, Jorge, porque para los que han leído tu obra y para los que no la han leído es simplemente impresionante el conocimiento de la historia que tienes, o sea, de la historia en todos los sentidos: historia de la medicina, historia de la música, historia de la historia. O sea, estoy leyendo como un historiador acá: te leo y lo que hago es ir a veces a Wikipedia o a veces voy a un hecho histórico para leerlo completamente. O sea, en *En busca de Klingsor* es impresionante cómo metes estos científicos perfectamente en la novela, los activaste.

JORGE VOLPI: Te lo agradezco mucho.

PREGUNTA: ¿te sientes borgiano? Pareces muy borgiano.

JORGE VOLPI: Muchísimo. Yo creo que sí, una de las influencias capitales en mi manera de ver el mundo, de escribir, sigue siendo Borges. Lo leo, lo releo… ahora para este nuevo libro es una de las figuras latinoamericanas –que no son tantas porque, es un libro global-, realmente me atrevo a pensar, que es el nombre de un escritor latinoamericano que más veces aparece en el libro, que yo creo que eso ya debe de querer decir algo.

HÉCTOR JAIMES: ¿Tienes ya editorial para este libro? ¿Ya está contratado?

JORGE VOLPI: Sí, se publica en Alfaguara.

HÉCTOR JAIMES: Muy bien. Estoy loco por leerlo ya, que se adelante la publicación.

PREGUNTA: El tiempo dedicado al ocio es escaso para muchas personas en nuestras sociedades modernas. ¿El arte, la literatura y la filosofía pueden convertirse en algo costoso, lujoso? ¿La responsabilidad del escritor que refleja este tipo de sociedad es la de ser faro en la niebla?

JORGE VOLPI: Bueno eso es lo que digo. Sí, ojalá pudieran los artistas seguir siendo efectivamente faros en la niebla y que en medio de esa niebla de tantos productos, tantas ofertas, decir de vez en cuando cosas que realmente sean relevantes y que puedan iluminar un poco esa oscuridad que parece seguirnos rodeando. Yo sigo apostando, creyendo, que la literatura y el arte en general y la ficción en general, todas las ficciones que los seres humanos creamos, son precisamente para, por lo menos, iluminar un poco esta enorme oscuridad en la que siempre estamos inmersos.

PREGUNTA: La intersección entre psicoanálisis crítico e izquierda, o las coordenadas de lo que podríamos llamar crítica a la economía libidinal es hoy una matriz interpretativa muy potente. Un ejemplo: la noción propuesta por Enzo Traverso de la *izquierda melancólica* en sentido freudiano, una melancolía por la derrota, la pérdida de objeto y el triunfo del neoliberalismo como un fin de la historia fukuyamista. Dicha intersección nos ha permitido pensar que la emancipación responde a negociaciones libidinales estéticas complejas y no una a una toma de conciencia del devenir teleológico del advenimiento histórico inherente a la ideología de la izquierda ortodoxa. Usted ha escrito dos ensayos notables sobre dos puntos de inflexión creativos respecto a la tradición de las disputas y aporías de la izquierda cultural, 1968 y 1994. ¿Cuál es la vigencia en términos de una epistemología de la emancipación que hoy podemos extraer de esos momentos polémicos y sugestivos?

JORGE VOLPI: Efectivamente yo creo que ahí hay dos momentos que siguen siendo iluminadores. Yo creo que para nuestra época neoliberal, o sea, tanto el año 68 con esa eclosión global de los jóvenes –que más que cualquier otra cosa fue antiautoritaria– se necesita en esta época donde los autoritarismos vuelven a generar tanta adicción. Si vemos los casos de Estados Unidos y de buena parte de América Latina, el autoritarismo está regresando con una fuerza inaudita y por lo tanto ese empeño de los jóvenes del 68 como resistencia a cualquier forma de autoritarismo, yo creo que vale mucho la pena volver a revisitarlo.

En segundo lugar, el alzamiento zapatista del 94, que es a lo que dedico ese otro ensayo [*La guerra y las palabras. Una historia intelectual de 1994*], es otro de esos momentos también de intentar pensar el mundo de otra forma y casi todos los movimientos posteriores de antiglobalización −que luego se convertirán en movimientos de izquierdas alternativas y que terminarán derivando en cuestiones también climáticas y ecológicas− creo que tienen su origen en ese momento también deslumbrante de la vida mexicana que fue el alzamiento zapatista, y yo creo que siguen teniendo, entonces, vigencia de resistencia.

PREGUNTA: ¿Qué papel consideras que tienen los premios literarios en español hoy en día? Consideremos que el Premio Planeta está entregando un millón de euros por encima del Nobel. En ese sentido, ¿cómo los premios, una importante instancia consagratoria para los autores que entregan las mismas industrias culturales, determinan el devenir de la literatura latinoamericana sobre todo respecto al valor que se otorga al mercado?

JORGE VOLPI: Diría, simplemente, que, por un lado, están los auténticos premios literarios, es decir, aquellos que en efecto intentan premiar a un autor conocido o desconocido, inédito o ya publicado, y es un vehículo de reforzamiento de capital cultural que permite que, en la enorme competencia por la visibilidad en este mundo, un escritor pueda tener ganas de tener un mayor número de lectores. Están todos aquellos otros que dicen ser premios, pero que, en realidad, no son premios, son estrategias de promoción. El Premio Planeta quizás sería el paradigma absoluto de ese tipo de premio-no premio. El premio como estrategia de promoción para un autor que decide una editorial de antemano como un vehículo precisamente, simplemente, de propaganda y de promoción de un producto más que de un autor o de una obra.

GREG DAWES: Me pregunto, Jorge, si bien el análisis sociológico es importante e interesante desde la perspectiva de lo que acabas de mencionar, si podrías hablar un poco del valor inherente a la obra. Escribir es un oficio, es como ser carpintero: o eres un carpintero bueno o no lo eres. Entonces me pregunto si podrías hablar de eso. También estoy pensando en un libro que escribió Patricio Pron, un libro cortito y muy agudo, que es *No, no pienses en un conejo blanco*, y tiene un título larguísimo como es su costumbre. Pero habla del valor que tiene la obra porque fácilmente puede perderse en lo que es el mercado de mercancía.

JORGE VOLPI: Efectivamente es que, digamos, si sumamos, por un lado, el neoliberalismo, que indicaría lo único que importa finalmente es el producto y cómo hacer que un producto termine siendo exitoso y cómo aprovechar de las condiciones del mercado para que eso ocurra... Si a eso sumamos por otro lado la derivación de una cierta manera de ver lo posmoderno, en donde, prácticamente, cualquier texto podría considerarse que tiene un valor equivalente, pues parecería que la calidad literaria es algo que está pasado de moda, que es elitista, que termina estando casi al margen de lo que realmente importa. Pero, por otro lado, yo creo que voy a coincidir ahí contigo, Greg, yo creo que sí, también la creación artística es una *techné* en el sentido doble griego, es decir, es una práctica artesanal y, al mismo tiempo, es un vehículo de conocimiento, siempre. Y hay que dominar las herramientas y las técnicas necesarias para hacerlo; si no se dominan pues simplemente es obvio que hay una disfunción técnica en la obra y, por el otro, se necesita que haya una voluntad de profundidad y de escapar al cliché, en vez de convertirse solamente en la repetición inane de los mismos modelos que solamente quieren tener éxito en el mercado.

HÉCTOR JAIMES: Además, comentando: Yo te diría Jorge que es impresionante cómo has podido crear la obra que has creado. O sea, es como que no te detienes: terminas algo o ya hay como tres obras detrás de ellas. Es como una avalancha que no para. Uno diría, "Bueno ya terminó este libro, ya van a pasar 5 años y no va a pasar nada", pero no, vienen tres libros más, dos libros más...

JORGE VOLPI: Después de este sí voy a descansar un poco, créeme.

HÉCTOR JAIMES: No te lo permitimos, Jorge, tienes que continuar. O eso es lo que tú dices, de repente dices que vas a parar y de repente salen otras cosas. Es impresionante el sistema de escritura que tienes. Para un crítico, tratar de hacer una interpretación es bastante complejo y para un lector de autobús o de aeropuerto, debe ser súper difícil porque hay que pasar mucho tiempo leyendo y releyendo y volviendo a leer porque son historias, son referencias. O sea, realmente tienes un cuadro, una cartografía de ideas realmente alucinante.

JORGE VOLPI: Muchísimas gracias.

PREGUNTA: ¿Hay alguna escritora latinoamericana cuyos temas y preocupaciones tengan algún parecido con los tuyos?

JORGE VOLPI: Sí, yo creo que hay muchas escritoras, que yo admiro enormemente, que podamos tener temas parecidos. Un poco casi de mi misma generación siempre fue Cristina Rivera Garza, por supuesto. Creo que hay muchos temas de violencia, temas de verdad y de mentira que, por ejemplo, nos interesan mucho a ambos.

PREGUNTA: Volviendo a la pregunta última de Greg, ¿qué hacemos con el reto que la inteligencia artificial presenta esa imagen del escritor como artista o artesano de la palabra? ¿No se reduce esa *techné* a un algoritmo?

JORGE VOLPI: Sí, yo creo que estamos a muy poco tiempo de observar cómo la inteligencia artificial va a ser capaz de crear productos literarios que competirán enormemente con los creados directamente por los seres humanos sin concurso de inteligencia artificial. Yo creo que tendremos que irnos acostumbrando a que ya no seremos los únicos productores de textos literarios o de ficciones. Ya está ocurriendo: ocurre ya en la música, ocurre ya en las artes visuales; en la literatura todavía sigue siendo bastante incipiente y es bastante claro que no se pueden crear todavía esos productos que pudieran pasar una especie de test de Turing respecto a la calidad literaria. Pero en muy poco tiempo, muy poco vamos a tenerlas, y tenemos que irnos acostumbrando a esta convivencia con la manera como programamos también a estas máquinas para que produzcan ficciones.

Muchísimas gracias, Héctor. Muchísimas gracias, Greg. Muchas gracias a todas y todos por acompañarnos esta tarde. Se los agradezco muchísimo.

FIN DE LAS PREGUNTAS

HÉCTOR JAIMES: Infinitamente agradecido, Jorge, por la participación. Como te he dicho: seguimos aprendiendo de ti. Te animamos a que sigas escribiendo, así que no pares después de este libro. Por favor, tómate tu descanso necesario, pero continúa. Seguiremos en contacto en la medida en que el crítico y la crítica te necesitemos. Seguiremos el diálogo. Te mando un abrazo y te deseo muchos éxitos.

JORGE VOLPI: Muchísimas gracias, Héctor. Muchas gracias, Greg. De verdad, una muy buena conversación. Muchas gracias. Un abrazo para todos y para todas.

Día 3 - PATRICIO PRON con Greg Dawes

GREG DAWES: PATRICIO PRON es autor de seis libros de relatos, entre los que se encuentran *El mundo sin las personas que lo afean (2011) y lo arruinan*; *La vida interior de las plantas de interior* (2013); *Lo que está y no se usa nos fulminará* (2018); y *Trayéndolo todo de regreso a casa* (2021) una antología personal de los relatos escritos entre 1990 y 2020; así como también de siete novelas, entre ellas, *El comienzo de la primavera* (2008), ganadora del premio Jaén de Novela y distinguida por la fundación José Manuel Lara como una de las mejores obras publicadas en España en ese año, *El espíritu de mis padres sigue subiendo a la lluvia*; *Nosotros caminamos en sueños* (2011); *No derrames tus lágrimas por nadie que viva en estas calles* (2016); y *Mañana tendremos otros nombres* (2019)–ganadora del Premio Alfaguara–, y *La naturaleza secreta de las cosas secretas de este mundo* (2023) así como los ensayos *El libro tachado: prácticas de la negación y del silencio en la crisis de la literatura* (2014) y, finalmente, *No, no pienses en un conejo blanco: literatura, dinero, tiempo, influencia, falsificación, crítica, futuro* (2022). Su trabajo ha sido premiado en varias ocasiones (entre otros, con los premios Juan Rulfo de Relato), y ha sido traducido a doce idiomas. La revista *Granta* lo escogió como uno de los veintidós mejores escritores en español de su generación y en 2016 le dieron el premio Cálamo Extraordinario por el conjunto de su obra. Pron es doctor en Filología Románica por la Universidad Georg-August de Göttingen. Bienvenido, Patricio, es un gran gusto poder hablar contigo.

PATRICIO PRON: Muchas gracias, Greg, lo mismo digo. Es un placer.

GREG DAWES: Para empezar, quiero confesar que esta idea de hacer esta serie de conversatorios en realidad fue impulsada por la lectura de tu libro *No no pienses en un conejo blanco: literatura, dinero, tiempo, influencia, falsificación, crítica, futuro*. Encontré increíble que pudieras, en noventa páginas, condensar todo lo que sería la dinámica de la escritura, la crítica literaria, el estado de cosas bajo el neoliberalismo, los distintos aspectos del neoliberalismo, cómo salirnos de la encrucijada en la que nos encontramos tanto en el ámbito político-económico como en el ámbito cultural. En fin, eso es lo que realmente me encantó y es un libro que les asigné a mis estudiantes de posgrado porque creo en eso que afirmas en este libro: que la literatura puede ser un campo de batalla para mejorar el mundo.

PATRICIO PRON: Me alegra que lo digas. Es algo en lo que naturalmente yo también creo. La escritura del libro fue un intento de responder a determinadas preguntas que en los últimos tiempos había estado haciéndome, al igual que muchas otras personas, en relación con cuestiones como el vínculo entre literatura y dinero, las industrias culturales y el impacto en ellas de unas empresas relativamente nuevas que no acabamos de comprender del todo, que son las empresas tecnológicas. Al mismo tiempo, mi intención era también postular un futuro distinto al que todo parece indicar que nos dirigimos. Postular la posibilidad de que, pese a que las evidencias parecen estar en nuestra contra, es todavía posible imaginar un mundo otro, un mundo en el que la literatura vuelva a ser aquello que fue durante muchos años, que es básicamente una forma de estar en el mundo y de ser interpelados por él. Algunos de los aspectos del libro me tocaban personalmente porque, como sabes, soy un escritor y un crítico literario aquí en Madrid y, naturalmente, no estoy ajeno a los condicionantes económicos que operan sobre nuestra profesión. Sin embargo, hay otros que me interesaban, no tocándome directamente, porque me parecía que constituían buenos indicadores de la forma en que algunas personas están pensando en la literatura en este momento. Por ejemplo, los libros falsos de cierto *influencer* o la forma en que se habla de libros en plataformas como Tik Tok o YouTube: o, incluso, casos algo más recientes –no recuerdo si lo incluí en el libro o no– relacionados con, por ejemplo, el modo en que en Goodreads las opiniones de los usuarios determinan ya la suerte de los libros prácticamente al instante, sin que haya siquiera la oportunidad para muchas personas de acceder a ellos y formarse su propia opinión. Todas estas cosas, de las que hablé en el "conejo" vinculándolas con la enorme velocidad en la que nos sentimos todos obligados a actuar desde hace algunos años, estaban dando vueltas en el aire y, en realidad, no creo haber hecho mucho más que haberlas puesto por escrito para participar de conversaciones como la que estamos teniendo tú y yo aquí.

GREG DAWES: Sí, eso se vincula con otro tema que expones tanto en este libro como en *Mañana tendremos otros nombres*: cómo la globalización ha desmembrado lo que serían las relaciones sociales en la sociedad, de distintas formas, ha creado distintos tipos de alienación. Esto que decías del tiempo, me acuerdo que en un momento dado hablas, tanto en este libro como en otros lados, de que la literatura requiere de tiempo y eso va en contra del sistema en cierto sentido, es algo *contra natura*. Bueno, no sé si *contra natura*, pero contra los valores del capitalismo neoliberal.

PATRICIO PRON: Sí, eso otorga a la literatura una especie de potencia salvífica en los términos en que Walter Benjamin o Theodor Adorno pensaban que la historia tenía una potencia salvífica. Para ellos, la posibilidad de que la historia nos absuelva en lugar de condenarnos, como hace a menudo, estaba relacionada con su condición de "zonas liberadas" del arte, de la música y de la literatura. Dentro y al mismo tiempo fuera del mercado, las obras artísticas podían ser una forma de resistencia, pensaban. Naturalmente, la literatura ya no tiene la importancia que tenía en el siglo XIX y en buena parte del siglo XX, sino una parte de ella; pero todavía puede ser un sitio en el que hacernos fuertes respecto a los condicionantes que operan sobre nuestras vidas y el tipo de discursos políticos y económicos que nos rodean y que, en este momento histórico, no son mucho más que una manifestación de un narcisismo patológico, del odio hacia el otro y de la voluntad de humillarlo, segregarlo, expulsarlo o destruirlo.

La resistencia de la literatura es, en ese sentido, una resistencia a la concepción narcisista de la historia. Y también lo es, o puede serlo, a la dictadura del tiempo y a una concepción de él en el marco de la cual nuestros tiempos y los estímulos que los llenan están determinados por máquinas que operan con nuestra atención, que tienen en nuestra atención su principal activo económico. La literatura constituye en un momento de discursos sociales y políticos muy superficiales, muy simplificados, algo parecido a una resistencia, también, en la medida en que complejiza las cosas. No ofrece respuestas fáciles. No otorga una satisfacción inmediata. No "hace creer" nada a nadie. Pero nos invita a hacernos mejores preguntas, de las que, a su vez, pueden surgir respuestas mejores que las que nos dan habitualmente.

Hay, por último, un aspecto en el que creo que la literatura adquiere un carácter de insurgencia o de resistencia que tal vez no tuviese en otras circunstancias, y tiene que ver con el hecho de que nos hace ponernos en los zapatos de personas que no somos nosotros. Dicho banalmente, cuando leemos un libro, estamos en la cabeza de un personaje y, a menudo, ese personaje no tiene la vida que nosotros tenemos, tiene otra y, al leer acerca de ella, nos preguntamos en ocasiones qué pensaríamos, cómo actuaríamos si fuésemos ese personaje o cuán verosímil nos parecen sus acciones, comparándolas con las nuestras. Existe una corriente de opinión muy popular en los últimos años que determina que solamente deberíamos leer a autores y autoras que compartan con nosotros el país de origen, la clase social, la raza, la edad o el género, o nuestras ideas acerca del mundo. Sin embargo, lo que la literatura postula –y lo que la hace realmente importante, tan importante, en mi opinión, que se me hace casi imposible de comprender que a tan poca gente le importe, incluida buena parte de los escritores, los editores y los críticos literarios– es que nos lleva a ponernos en los zapatos de personas que no somos, y a menudo, no queremos ser nosotros. En la medida en que nos convierte en otros, por decirlo así, también nos permite conectar con esos otros de formas significativas. Pone a prueba nuestras opiniones y por esa razón debería ser empleada especialmente por aquellas personas que las tienen contundentes. Si esas opiniones lo son, y además son acertadas, ¿por qué inspiran tanto miedo ciertos libros? Podríamos mencionar aquí decenas de ejemplos recientes de rechazos que, en realidad, son manifestaciones del miedo.

No nos detengamos en la calidad literaria de *Moby Dick*, pero consideremos un instante el hecho de que, para algunas personas, ya no hace falta leerlo. De acuerdo con esta opinión, bastante extendida en los últimos tiempos, *Moby Dick* es un libro acerca de un ballenero que parte de Nantucket un día del siglo XIX y persigue una ballena en un barco; y, por supuesto, ninguno de nosotros es un ballenero ni ha visitado Nantucket ni tiene ninguna intención de hacer daño a ninguna ballena. Pero creer que el libro de Melville trata "sólo" de estas cosas es no haber entendido de qué trata y por qué resuena tan poderosamente en personas que no tenemos nada, absolutamente nada, en común con su protagonista.

Si lo pensamos bien, es posible que los libros tengan dos temas siempre. Uno visible, evidente, literal; abierto a una lectura lineal y escasamente comprometida del texto. Y otro que subyace al primero y que, en virtud de ello, que no es explícito, sino implícito; tiene el potencial de capturar nuestra atención y ayudarnos a hacer con ella y con nuestras ideas morales cosas que no podríamos hacer de otra manera. Nos pone a prueba, digámoslo así.

Por supuesto, hay buenas razones para creer que no está muy bien que te pongan a prueba; pero es enormemente necesario, incluso terriblemente necesario ya no solamente para nosotros como personas que leen textos y que los comprenden y piensan sobre ellos y eventualmente los estudian, sino también para nuestras ideas acerca de quiénes somos, a qué comunidades pertenecemos, de qué modos participamos de eso que llamamos el presente. La literatura, podemos imaginar, es un gran gimnasio al que vamos a entrenar músculos que ni siquiera sabemos que tenemos; son esos músculos los que hacen posible que después comprendamos mejor los discursos políticos y el modo en que somos manipulados por ellos así como por las fuerzas económicas. Nos hace mejores ciudadanos. Nos hace escoger mejor. Nos permite prestar al mundo la enorme atención que Simone Weil nos pidió que le diésemos. Tiene el potencial de hacer que nuestra vida no sea una pesadilla, como sucede frecuentemente cuando estamos en manos de regímenes que manipulan a sus ciudadanos. En la literatura hay un potencial de liberarnos y, por esa razón es más importante que nunca. Es un gimnasio, o mejor, un laboratorio de futuros posibles. (Digo yo, a quien los laboratorios le gustan mucho, realmente mucho más que los gimnasios...)

GREG DAWES: Sí, y aborda toda una gama de aspectos de la existencia humana: la psicología, la historia, la política, la sociología, lo cotidiano, toda una serie de niveles de pensamiento, de emociones –la empatía, la simpatía, etcétera–. O sea, si perdemos eso, en cierto sentido, hemos perdido todo.

PATRICIO PRON: Sí, absolutamente. Sin embargo, está claro que hay fuerzas económicas y políticas que desean que lo perdamos todo. Más aún, hay fuerzas económicas y políticas que postulan la posibilidad de que nuestra individualidad se vea reducida o morigerada. Nos proponen ser, ya no personas, sino usuarios; no compradores circunstanciales, sino consumidores; ya no lectores ni *fans* de la música o ávidos espectadores de cine, sino consumidores de estas artes, como si éstas sólo fuesen productos y estuviesen a nuestra disposición en un enorme supermercado en el que todos seríamos bienvenidos.

Desde luego, no es ese el caso. Para acceder a algunas experiencias estéticas, muchas de ellas fundamentales para muchos de nosotros, se requiere el acceso previo a una muy buena educación pública, a unos buenos medios de comunicación públicos y privados, a una red de bibliotecas potente, a cines de calidad, a instituciones que morigeren el impacto que tienen los mercados poniendo a disposición de los ciudadanos y las ciudadanas aquellas cosas que el mercado desdeña, ya sea porque le parecen elitistas o minoritarias, ya sea porque no ofrecen una rentabilidad directa e inmediata. Esta convicción que tengo no es producto de una teorización –Dios me libre–, sino de mi experiencia personal. Pertenezco a la clase trabajadora de Argentina; vengo, como dije en alguna ocasión, de una ciudad pobre de un barrio pobre de un país pobre, y no había nada, no había nadie a mi alrededor para decirme que, alguna vez, los libros iban a ser importantes para mí, así como también lo iban a ser la música, el cine, el teatro, etcétera, etcétera, etcétera. Fui muy afortunado: crecí en un país que tenía una educación pública muy potente y magníficas bibliotecas y librerías, muy buena prensa cultural y una universidad gratuita. De haber tenido que pagar para ir a la universidad, no habría podido ir a ella y, naturalmente, sería una persona muy distinta a la que está hablando aquí contigo. Pero convertirme en esa otra persona requirió, y requiere siempre, determinadas circunstancias que no siempre están presentes –que, de hecho, no lo están– en aquellos países que postulan la posibilidad de que el mercado se autorregule y nos provea no solamente de bienes y servicios, sino también de ideas morales. Es el mundo pequeño, miserable, de los que creen que hay personas prescindibles, que quienes viven en la pobreza lo hacen porque quieren, que la desigualdad económica y política es "natural", como lo sería también la brecha entre hombres y mujeres o la muerte de niños y ancianos por enfermedades prevenibles, que es el mundo absurdo y peligroso en el que viven muchos y muchas en este momento.

Las redes sociales son la gran institución pedagógica del presente, y de allí surgen esas ideas, de modo que no es casual que las últimas elecciones estadounidenses se hayan librado en ellas. Parecen un juego, parecen estar completamente abiertas a nuestra disposición, así como a disposición de cualquiera que tenga un teléfono y parecen simplemente limitarse a entretenernos. Sin embargo, ejercen sobre nosotros una coacción que no podemos desestimar, que no podemos subestimar, que está condicionando ya no solamente el modo en que nos vemos a nosotros mismos y a los demás sino, incluso, el modo en que conversamos con las personas o con otras; la manera en que concebimos los diálogos, la forma en la que nos posicionamos políticamente, pensamos acerca de unos políticos u otros. Están ejerciendo sobre nuestra sociedad un efecto que no podemos sino describir como disruptivo.

Y esa disrupción es determinante, ya no solamente para el presente, sino también para el futuro.

Como sabes bien, la mitad de la población mundial vota este año [2024] y lo está haciendo con ideas que son profundamente totalitarias. Incluso en el caso de aquellos países en los que las personas pueden votar en elecciones democráticas limpias, sus ideas tienden a lo contrario, puesto que ya son completamente posdemocráticas. En la enorme madeja, en el enorme enredo que constituye el modo en que vemos el mundo en la actualidad, el hilo del arte, el hilo del modo en que se relacionan las palabras y el mundo, es determinante. Podríamos decir que lo envuelve todo. Tenemos que deshacer esa madeja, tenemos que tirar de esos hilos. Primero, para comprender en qué consiste la madeja, qué hilos la componen. En segundo lugar, eventualmente, para descubrir cómo podemos desatarla y crear una nueva madeja. Para ello necesitamos recuperar el control de las palabras que nos ha sido sustraído, que nos ha sido robado por diferentes instancias. Tenemos que volver a establecer acuerdos acerca de qué significan las palabras y cómo nombrar a la comunidad de personas que las empleamos. Para ello, la literatura es una magnífica instancia. Y esa es la razón por la que personas como yo escribimos. No para dar cauce a cierto narcisismo mal disimulado, aparecer en revistas o ser "famosos", y no solamente para poner de manifiesto una vocación y ganar algo de dinero haciéndolo. Diría que lo hacemos, sobre todo, para participar de un esfuerzo que es colectivo, que nos atañe a todos, y no solamente es estético. O mejor dicho, en la medida en que es estético, es también ético y, por consiguiente, es político.

GREG DAWES: Y no es individualista.

PATRICIO PRON: No, no: es lo contrario del individualismo. Naturalmente, hay muchas razones para escribir libros, pero hay pocas razones para publicarlos, y una de ellas –la más importante para mí– consiste en crear una instancia, un enorme paréntesis en el flujo del tiempo, en el que sean posibles diálogos que no tendrían lugar de otra manera. Construir, en la complicidad entre un autor y sus lectores y lectoras, algo; y no hacerlo solamente en torno al significado de una novela o de un libro, sino también –y de manera más general– en torno a los temas que nos ocupan a todos, y hacerlo juntos. En *No, no pienses en un conejo blanco* son los temas de la literatura, el dinero, la influencia, el tráfico de influencias, la falsificación y –sobre todo– el futuro. Pero en última instancia podríamos resumir todo ello diciendo que el gran tema que nos concierne a todos es el futuro y cómo ese futuro puede emerger de este presente en el que estamos inmersos.

GREG DAWES: Tuvimos una conversación antes de que todo esto comenzara sobre tus orígenes y, ahora que volviste a Rosario –u *Osario como lo pones en tus libros– me interesa mucho que hables sobre cómo te formaste porque eso forma parte de tus libros. *El espíritu de mis padres sigue subiendo en la lluvia*, por ejemplo, parece ser una autoficción en que te desahogas. Me encantaría explorar este tema y después –que no se me olvide– la cuestión de tu estética, también. Porque creo que tuve una impresión equivocada al comienzo: pensé que eras un brechtiano teóricamente, pero creo que también –a lo mejor eso es cierto– está vinculado con tu vida, con tus experiencias vitales. A lo mejor podrías hablar con aquellos que no hayan leído esa obra en particular sobre tus experiencias en Rosario, haber vivido en Alemania, España y lo que hablamos de estar en el limbo culturalmente.

PATRICIO PRON: Muy resumida, mi trayectoria es la siguiente: nací y crecí en Rosario, en Argentina, la segunda ciudad del país en población, al menos hasta tiempos recientes. Una ciudad situada a trescientos kilómetros al norte de Buenos Aires y –como suele suceder siempre con las segundas ciudades de los países– con una relación problemática con la capital. Mis padres son activistas políticos. Lo eran desde antes de que yo naciese y, a consecuencia de su actividad política, tuvieron que ocultarse durante unos años que fueron muy importantes para mí porque fueron los de mi infancia. Cuando conseguimos salir de esta situación de semiclandestinidad en la que nos encontrábamos, algo que sucedió entre 1982 y 1983, cuando la brutal dictadura argentina que comenzó en 1976 estaba terminando, pude completar mis estudios. A continuación estudié en un colegio secundario de mi barrio, que es un barrio de clase trabajadora en Rosario, en el sur de la ciudad, y luego fui a la universidad pública.

Para entonces ya había comenzado a escribir libros, había participado de un par de proyectos colectivos y trabajaba ya como periodista y como crítico literario. Pero no estaba del todo satisfecho con el tipo de escritor que yo era, y después de terminar la universidad, decidí marcharme a Alemania. Lo hice para trabajar como corresponsal de periódicos argentinos y uruguayos en Alemania; pero también, en realidad –y de forma implícita–, para dejar de escribir. No me gustaban los libros que leía, no me satisfacían los que yo estaba escribiendo, y pensé que tenía que verme expuesto a influencias distintas para escribir libros diferentes. En ese momento, además –y esto parece un chiste, pero no lo es– un escritor joven en Argentina era alguien que tenía al menos cuarenta años de edad, y yo tenía por entonces veinticuatro. De modo que tenía que "dejar pasar" dieciséis años antes de poder comenzar a ser visto como un escritor "joven". Estaba en el *underground*, del *underground* del *underground* argentino y no estaba muy contento con ello, así que me marché a Alemania y trabajé como corresponsal de algunos periódicos durante aproximadamente dos años. No solamente en Alemania, sino también en Europa Oriental, los Balcanes, África del Norte, Oriente Medio, etcétera. Fue una experiencia... Fueron unos años muy formativos para mí, que terminaron cuando comencé a hacer mi doctorado. En Göttingen trabajé en una oficina kafkiana de documentación en la universidad y fui muy, muy desgraciado y muy, muy feliz, como supongo que sucede siempre. Desde luego, estaba dispuesto a recorrer esa especie de embudo que es la vida académica, en el que muchos entran y solo muy pocos salen. No fue posible, por diferentes razones, y hace quince años, en 2008, comencé a vivir en Madrid. En España comencé a trabajar para algunas editoriales y, como crítico literario, para algunos periódicos, y escribí varios libros; al parecer, esos libros han alcanzado a sus lectores y sus lectoras. Decías hace un momento que yo he ganado algunos premios y, aunque desde luego esto es cierto, me gusta pensar que son esos libros los que los ganaron por mí. Por mi parte, yo me veo como alguien que está empezando algo, y, afortunadamente, la literatura me ofrece la posibilidad de hacerlo en un sentido literal, con cada nueva página que escribo. No importa cuántos libros hayas escrito antes, cuántos ensayos hayas producido, cuántos artículos hayas entregado a la prensa: cada vez empiezas de nuevo, cada vez tienes que volver a recordar quién eres y cómo escribes y por qué lo haces. Y en ese sentido no existen las carreras literarias, nunca hay realmente una progresión. Esas son cosas que hacen bien en creer los editores y los críticos literarios y los periodistas, así como los profesores y las profesores y sus alumnos y alumnas; pero, en realidad, un artista en general, y en particular un escritor, es alguien que está naciendo todo el tiempo. Y no lo digo yo, lo dijo alguien tan importante como Bob Dylan: "an artist is in a constant state of becoming". Creo que son palabras muy acertadas para describir qué es lo que hacemos todos, seamos músicos, dramaturgos, actores, actrices, cineastas o escritores.

GREG DAWES: Tú navegas entre tres culturas, bueno, cuatro: Argentina, Alemania, España y Chile, porque tu esposa es chilena. Me acuerdo de la última obra que publicó Vonnegut antes de morir que se llamaba *A Man Without a Country* [Un hombre sin país]. Es esa idea de que estás en un limbo –acá vuelvo un poco a tu infancia, a tu estética, teoría estética–, pero lo que te impele, lo que te lleva adelante, es una pasión por el conocimiento, un querer –también se ve en el caso de *El espíritu de mis padres*…– desahogarte. Me pregunto si es parecido en algo al caso de Laura Alcoba con *La casa de los conejos*. También es una mezcla sumamente interesante del yo y el otro. Pienso que en cierto sentido eres un escritor muy parecido a Piglia, el Piglia al menos de *Los diarios de Emilio Renzi*. Hay varios cuentos que tienes –"Dos huérfanos", "Diez mil hombres"– en donde hay estos *döppelganger*, hay desdoblamientos, y donde es difícil distinguir al que escribe del personaje, a veces, de las experiencias autobiográficas, de las experiencias objetivas, por decirlo de alguna forma.

PATRICIO PRON: Me gusta que menciones a Piglia, que es uno de los escritores que yo más he admirado y admiro. ¿Puede un escritor "darse" maestros, sin permiso de estos ni constatación posible? En ese caso, Piglia fue uno de los míos. Y haces bien en destacarlo porque fue un escritor explícitamente político, que se propuso narrar el horror que atravesó su generación en Argentina y en el resto de América Latina, pero hacerlo de una manera que fuese estéticamente valiosa, que conectase con la tradición de las vanguardias históricas y que pusiese en juego un muy amplio repertorio de técnicas narrativas, rompiendo las jerarquías entre cultura "alta" y cultura "baja", entre cultura "de élite" y cultura "de masas", entre periodismo y literatura, entre tradición nacional y traducción, entre ficción y no ficción. Piglia es el gran mezclador de la literatura en español del siglo XX, algo que lo vincula con otros grandes "alborotadores" como Enrique Lihn, Rodolfo Walsh, Manuel Puig, Severo Sarduy y Copi. Produjo una literatura que podemos considerar muy posmoderna, pese a que, naturalmente, Piglia no aceptaba este término, no aceptaba que este término fuese asociado con su trabajo. Si yo lo hago, sin embargo, es porque creo que hay una corriente "negativa" del postmodernismo literario – en el sentido adorniano– y que a esa corriente crítica, que es la continuación del proyecto vanguardista tras la ruptura que supuso la Segunda Guerra Mundial, es a la que pertenece la literatura de Piglia.

En mis propios libros hay mucho de esa mezcla, que responde a intenciones muy similares a las de Piglia. (También a las de César Aira, que es otro de mis favoritos.) Tal vez por esa razón, y sin que importen mucho una o dos declinaciones o el sitio en el que transcurren, esos libros son, en mi opinión, específicamente argentinos. Los argentinos tenemos una larga tradición de atravesar fronteras, por decirlo así: por nuestra condición periférica, pero también por la importante migración que tuvimos entre mediados de la segunda mitad del siglo XIX y la primera mitad del siglo XX, participamos de la tradición latinoamericana, pero tenemos vínculos muy estrechos con Europa y siempre hemos estado apropiándonos de cosas y mezclándolas. Nuestros mejores escritores y escritoras lo han hecho y siguen haciéndolo: lo hizo Jorge Luis Borges, lo hizo Macedonio Fernández, lo hicieron Victoria y Silvina Ocampo, lo han hecho más recientemente escritores como Sergio Chejfec, Silvia Molloy, Marcelo Cohen, Elvio Gandolfo, Aira y Piglia, por mencionar a escritores que no pertenecen a mi promoción.

Nuestra tradición y las mezclas que son parte de ella nos condujeron algo antes al punto en el que se encuentran ciertas literaturas europeas como la alemana, la francesa y la inglesa, y también la estadounidense: en todas ellas, una parte considerable de sus escritores proviene de otros lugares y les aporta algo que éstas no tendrían de otra manera. No es una cuestión de nacionalidades, sino de ideas; también, de adhesiones y rechazos. Muchos de ellos son exiliados o refugiados, y su situación es precaria. No es mi caso, naturalmente: puedo regresar a mi país cuando quiero, y, sin embargo, es un país que nos persiguió a mis padres y a mí, así como a buena parte de los miembros de su generación; que ejerció el terrorismo de Estado sobre sus ciudadanos y asesinó al menos a 30.000 personas: es un país con el que, francamente, me resulta muy difícil reconciliarme. ¿Qué hacer con ello? ¿Cómo vivir con la carga que supone el fracaso del proyecto político de toda una generación y su asesinato? Y, en particular –y esta es la pregunta central de la novela que mencionabas antes, *El espíritu de mis padres sigue subiendo en la lluvia*– ¿qué podemos extraer de la experiencia política de nuestros padres aquellos que nacimos en torno a los 70s y los 80s y cómo podemos honrar su espíritu de sacrificio y su lucha por más derechos para más personas?

GREG DAWES: De ahí viene tu compromiso tanto como escritor como en términos políticos. Haberte formado en ese tipo de situación... entiendo –he escrito un capítulo sobre *El espíritu de mis padres...*– que pertenecían a Guardia de Hierro, que era, según entiendo, un grupo de la izquierda peronista que también tuvo cierto contacto con el Partido Comunista, por Alicia Burdisso, que aparece en la novela. Pero no estaban a favor de la lucha armada, que es un caso interesante en la Argentina porque tenemos al ERP, los Montoneros y el único otro caso hasta dónde sé yo, es el caso del Cordobazo: Agustín Tosco.

PATRICIO PRON: Así es. Guardia Hierro fue una organización política de corte revolucionario que pertenecía al peronismo. El peronismo es una fuerza política difícil de comprender fuera de Argentina. Creo poder explicar qué es el peronismo, pero, para ello, honestamente necesito algo de tiempo, del que no disponemos en esta ocasión. De modo que lo que diré rápidamente es que el peronismo es una socialdemocracia, es la forma que adoptó la socialdemocracia en Argentina en un periodo concreto para, a continuación, ir adoptando otras identidades acordes con los tiempos. En sustancia, sin embargo, sigue expresando, creo yo, lo mejor de una socialdemocracia.

GREG DAWES: Perdón que te interrumpa, sin embargo, hay un lado de la derecha. Un peronismo de la derecha. Perón mismo se va a España a exiliarse, en la España de Franco, que apoya a la Alianza Anticomunista Argentina. Es complicado, como decías, podríamos pasar horas y horas hablando del peronismo y sus distintas vertientes.

PATRICIO PRON: Sí, absolutamente. Como los partidos que tienen ya larga historia, que son además movimientos de masas, el peronismo absorbe todas las contradicciones de la sociedad a la que pertenece. En esto se parece –yo diría que solo en esto– a cierta concepción cooperativista-fascista de la historia. Se trata de que en una fuerza política estén todas las contradicciones de la sociedad para que estas se resuelvan en el interior de esa fuerza mediante la negociación y el acuerdo. La política, como sabemos, viene a responder a la pregunta de cómo evitar la guerra civil. Y la respuesta del peronismo a esa pregunta es la que sigue: integramos en un movimiento social todas las contradicciones, tenemos una pata en la derecha, otra pata en la izquierda, tenemos fuerzas en el centro y vemos cómo evitar el enfrentamiento entre todas esas tendencias para garantizar la estabilidad y el funcionamiento democrático de las instituciones.

La organización de mis padres pertenecía al centro de ese movimiento: había comenzado en su izquierda y fue progresivamente hacia el centro. Sin embargo, nunca se inclinó hacia la derecha y representó, como decías bien, un caso poco habitual en el furor revolucionario de los 60s y 70s en América Latina, ya que rechazó la vía armada para alcanzar el poder. Su voluntad no fue nunca tomar el poder en términos leninistas, por decirlo así, sino construir poder: para ello había que intervenir en la sociedad, crear vínculos, conformar comunidades, proveer atención médica allí donde ésta no llegaba, dar clases, ofrecer herramientas de acceso a la escritura y a la lectura a aquellas personas. Su trabajo era un trabajo que tenía una pata en lo que ahora podemos denominar trabajo social y tenía como finalidad, como digo, construir poder, no absorberlo ni asaltarlo.

En cualquier caso, su proyecto político fue interrumpido por la dictadura, que supuso la desaparición y el asesinato de al menos 30.000 personas. Es difícil imaginar cuál es el impacto de esto, pero para ello hay que tener en cuenta, entre otras cosas, que en esos años la Argentina tenía una población inferior a los 20 millones de personas, y que no estamos hablando tan solo del asesinato de 30.000 personas sino del daño provocado en sus familiares, en sus amigos y en la sociedad en general: ese impacto sumió a la sociedad argentina en el miedo durante años, y ese miedo fue, para quienes éramos niños por entonces, especialmente visible. Aunque durante años habíamos tratado de ocultárnoslo a nosotros mismos. la pregunta detrás de *El espíritu de mis padres sigue subiendo en la lluvia* es qué hacer con ese miedo y cómo seguir. Es una pregunta que creo que nos hemos hecho muchos escritores y muchas escritoras en América Latina en los últimos años. Autoras como Nona Fernández en Chile, como la propia Laura Alcoba a quien tú mencionabas, autores como María Eva Pérez, Félix Bruzzone y Raquel Robles. Hay muchos autores que hemos estado tratando de responder a la pregunta de qué se hace con la historia personal y cuál es nuestra posible contribución a los asuntos públicos. Ciertas falsificaciones recientes han tratado de dar una respuesta solipsista a estas preguntas, en la que el autor o la autora encarna toda la historia de su país y se arroga el poder de determinar quiénes son los "buenos" y quiénes los "malos". Pero creo que los autores que menciono no lo hacen, y que nuestras búsquedas –que se manifiestan en estéticas muy distintas, por otra parte– son compartidas y nos hacen sentir parte de algo más grande que nosotros.

GREG DAWES: En cierto sentido, las novelas *Espíritu mis padres* y *El comienzo de la primavera* parecen ser tu manera de tratar de explorar el tema de cómo se puede haber llegado a ese punto. O sea, Martínez, en *El comienzo de primavera*, va en busca de Hollenbach. Por supuesto, los dos son personajes ficticios, pero resulta que Hollenbach nunca existió pero era amigo de Heidegger. Entonces se explora los fundamentos filosóficos del fascismo en Alemania. Y eso parece equipararse con lo que pasó en la Argentina. ¿Es así?

PATRICIO PRON: Sí, así es. *El comienzo de la primavera* es, a pesar de *El espíritu de mis padres sigue subiendo en la lluvia*, posiblemente mi novela más argentina por cuanto se pregunta acerca de ello, acerca de cómo una sociedad deviene aceleradamente fascista y tolera, sin siquiera pensar en ello, el asesinato de miles de personas. Naturalmente, estos libros no tienen como finalidad responder a esa pregunta o no aspiran a cerrar ese tema, sino más bien abrirlo, que creo que es la función que tienen los libros: abrir y propiciar un ejercicio de inteligencia colectiva en torno a ciertos temas. Mis opiniones, mis intereses como escritor, son, llegados a cierto punto, secundarios para mí en relación con lo que las lectoras y los lectores pueden decir o pueden hacer con mis libros.

Cuando escribí *El espíritu de mis padres...* no sabía yo de la existencia de otros libros así o de la existencia de autores y autoras que pudiesen estar escribiendo sobre estos temas, y escribir ese libro fue un intento de responder la pregunta de cómo se podía escribir acerca de ellos o al menos cómo podía escribir yo. Lo he mencionado en alguna ocasión: es un libro que yo creía que iba a interesarme solo a mí y a un puñado de personas. De hecho, pensé que mi editor por aquel momento iba a rechazar el libro; sin embargo, es uno de mis libros más leídos, más discutidos y más traducidos. Es posible que no todas las personas hayan tenido un recorrido como el que tuve yo, afortunadamente. Es decir, posiblemente muchos de sus lectores no hayan vivido de niños en un estado de excepción y bajo el imperio de un terror constante. Pero sí hay algo de esa experiencia que resuena en ellos y creo que tiene que ver con la pregunta de quiénes fueron los padres de nosotros y qué nos han dejado. ¿Qué mandato tienen para nosotros y cómo expresarlo y estar a la altura de él?

GREG DAWES: Sí, hay una dialéctica en ese sentido. Porque en mi caso fue parecido. Estuvimos en Córdoba en los años 60. Mi padre fue y es teólogo de la liberación, mi madre estuvo interesada en la pedagogía del oprimido y vivimos la dictadura de Onganía, que claro no tiene nada que ver con la última dictadura, pero igual hubo represión, Tacuara llegó a tocar en nuestra puerta. En una época fuimos de vacaciones a La Cumbrecita, en las sierras de Córdoba, es una serie de chalés, y mi padre abre la puerta de una sala enorme porque anda buscando un marcador —está con el estudio de la Biblia desde el punto de vista del socialismo— y entonces ve estas fotos enormes de nazis y una esvástica enorme. O sea, no fue lo que fue la última dictadura militar, pero fue duro igual. Y por eso creo que tus libros me llegan tanto.

PATRICIO PRON: Me alegra mucho que lo digas. Han sido escritos para otros. En realidad, hablamos hace un momento del narcisismo y de cómo en realidad la literatura es un ejercicio contrario al narcisismo. Es divertido bromear acerca del ego de los autores y las autoras y algunos de ellos, evidentemente, no lo tienen bajo control. Sin embargo, tengo que decir que, en mi caso al menos, la voluntad de participar de conversaciones, de animar conversaciones, de intervenir en los asuntos públicos, ya sea escribiendo ficción como escribiendo no ficción, es determinante y es mucho más importante que la autocelebración. En ese sentido, supongo, el modo en que pienso la literatura tiene mucho más que ver con la modernidad mucho más que con la posmodernidad, aunque tiene de la posmodernidad la recuperación de ciertas técnicas narrativas y el intento deliberado de alterar ciertas ecuaciones, como decíamos antes.

En otra novela, en la que abordé más directamente la cuestión del fascismo, que se llama *No derrames tus lágrimas por nadie que viva en estas calles*, hubo un intento por mi parte de abordar el asunto desde otro lugar, por otra parte. Se trataba de responder desde el punto de vista narrativo a la pregunta de por qué razón una y otra vez las estéticas más de "izquierdas" son postuladas y creadas por personas que pertenecen a la derecha. Lo que explica por qué el futurismo italiano, la primera de las grandes vanguardias históricas, acabó fusionándose con el partido fascista italiano. Puede parecer un hecho anecdótico, pero creo que no lo es, especialmente en un momento como el actual en el que existe una corriente de opinión muy importante que establecería que solo debemos leer a autores y autoras con cuyas ideas morales coincidamos, como señalaba antes. Por el contrario, yo pienso que debemos leer, con particular atención, a aquellos autores y aquellas autoras cuyas ideas nos parecen repudiables, y no solamente como un ejercicio de contrainteligencia del tipo de quien trata de conocer a su enemigo, sino también, y sobre todo, porque es durante la lectura, y en los días que dedicamos a ella y pensamos en los libros, en donde tenemos la oportunidad de poner a prueba nuestras propias ideas. De lo contrario, lo que se produce es una especie de ilusión de autoridad moral o de ejemplaridad o incluso de superioridad moral, que, en la medida en que no es puesta a prueba, sino aceptada acríticamente, conforma un nuevo fascismo.

GREG DAWES: Ahí es donde se vincula con tu estética, o sea, cómo combinas distintos géneros. En *El espíritu de mis padres...* incluyes la carpeta de tu padre, que incluye artículos periodísticos, fotos, hay testimonios, etcétera, y el lector te va siguiendo. En realidad, es un narrador-protagonista, que bien puede ser que seas tú, y te vamos siguiendo en tu pesquisa. Y tú, por tu parte, vas siguiendo a tu padre.

PATRICIO PRON: No es una situación excepcional, pienso. Todos nosotros, en un momento u otro, tenemos un enorme deseo de saber más acerca de nuestros padres, y aquellos que se han visto rozados por el ala de la historia, como diría Walter Benjamin, son padres especialmente interesantes. Pero no son sólo padres: en novelas como las mías éstos ocupan el lugar del orden, el de la autoridad, el del país de origen, ocupan una serie de funciones que supongo que yo solamente puedo pensar escribiendo libros. Todas ellas me parecen enormemente sospechosas, en especial las vinculadas con las ideas de patria o de pertenencia, porque, como decías tú en un momento de nuestra conversación, de lo que se trata es de que los libros no necesariamente habiten en un limbo, pero tampoco se deban por completo a su lugar de origen. Yo soy del tipo de autor que cree que los libros no son de los sitios en los que han sido escritos, sino, más bien, de allí donde son leídos, y, en ese sentido, deben significar algo no solamente en el momento en que son escritos sino tambien, y sobre todo, en el momento en que son leídos por las personas que los leen. De eso se trata en mi opinión.

GREG DAWES: Parece que empiezas como narrador con novelas que están arraigadas en una cultura, en particular la Argentina, Alemania –que viene a ser en algo parecido al caso de la Argentina– y ahora, en los últimos años, te has proyectado a nivel internacional. *Mañana tendremos otros nombres* es una obra increíble en el sentido de que destaca toda una gama de cambios que se dan bajo el neoliberalismo. Y eso que lo estás ubicando en Madrid, que se considera una democracia social, que tiene un Primer Ministro que es un socialista, por lo menos nominalmente. Si puedes comentar un poco sobre eso. También la última novela *La naturaleza secreta de las cosas de este mundo*: te escuché decir en una entrevista, creo que fue en Chile, que esa es la novela más personal que has escrito. Me pareció interesante eso.

PATRICIO PRON: Esos no son mis primeros libros, Greg. Los primeros son libros que, por diferentes razones, he preferido no reeditar pero ya transcurrían en esa especie de "no-lugar" de muchas de mis novelas y relatos posteriores. Sí, mi trabajo como escritor ha alcanzado a otros lectores en otros países.

Sin embargo, si tengo lo que se podría denominar una carrera, y esa carrera es internacional, es más bien por razones que tienen poco que ver conmigo. De lo que se trata, para mí, es que lo que escribo sea significativo para otros tanto como para mí y resuene en ellos.

Y en ocasiones, también, consiste en tratar de no ser tú, sino otros, y hacerte preguntas que nunca te has hecho, como en el caso de *Mañana tendremos otros nombres*. Por entonces yo estaba rodeado de amigos y de amigas que, tras unos años en pareja, se habían separado y se encontraban regresando a una "vida de solteros", cuyas reglas ya no conocían; que había cambiado tanto en un breve transcurso de tal vez cuatro o cinco años que sentían que los expulsaba. Se sentían de alguna manera viejos, pese a ser personas que tenían menos de 40 años de edad. Y esto me intrigó mucho. Pero es posible que nunca hubiese escrito la novela de no haber sido porque en una ocasión estaba en el metro de Madrid y en un momento levanté la vista del libro que estaba leyendo y vi a un montón de personas en el vagón del tren deslizando un dedo sobre la pantalla de su teléfono en un gesto que yo no conocía. Cuando pregunté y me explicaron que las personas que había visto estaban utilizando Tinder me pareció desconcertante que hubiésemos llegado a un punto en el que las personas podían descartar otras personas a golpe de dedo. La pregunta detrás de ello era dónde quedaba la dignidad de la vida humana o dónde quedaba el derecho de todos nosotros a ser respetados allí donde las propias máquinas nos invitaban a jugar a eliminar personas de nuestra vida. Esos fueron los disparadores, pero, como cuento en la novela, leí muchísimas estadísticas, muchos estudios. Fue un periodo en que yo iba descubriendo de qué trataba esa novela en la medida en que la iba escribiendo. Y es curioso que haya resonado tan profundamente en algunos lectores. Supongo que sus historias son más interesantes que la historia de Él y Ella, que es narrada en este libro, pero en cualquier caso, la de Él y Ella es una historia que permite contar otras historias y ha permitido a algunas personas contar la suya propia, que es algo que, para mí como escritor, es especialmente maravilloso.

GREG DAWES: La relación entre Él y Ella es lo que más sobresale. Hay un final feliz, por así decirlo de una forma compleja, pero el mundo pareciera estarse desmoronando a su alrededor y, sin embargo, al final ellos vuelven, Ella con un bebé y ahora son tres. En ese sentido refleja bastante bien –fenomenalmente bien– las relaciones sociales bajo el neoliberalismo. En cambio, en la última novela, *La naturaleza secreta de las cosas de este mundo* es curioso porque Edward en cierto sentido se desvincula del mundo neoliberal. Claro, está vendiendo su fuerza de trabajo: trabajando en un hotel, en un restaurante, limpiando edificios con estos inmigrantes con quienes crea su propia comunidad. ¿Es una de las cosas que querías comunicar con esa novela?

PATRICIO PRON: Es, desde luego, una de las cosas que quería contar y, en realidad, conecta bastante bien, ahora que lo dices, con *Mañana tendremos otros nombres*, en el sentido de que ambas novelas son novelas acerca del presente, que es un tiempo del que siempre es difícil hablar. En un momento, cuando se estableció el consenso entre los críticos y los lectores y las lectoras de que yo era un buen escritor de novelas que transcurrían en el pasado –no necesariamente novelas históricas, pero sí novelas acerca del pasado–, empecé a sentir un gran deseo de escribir acerca del presente, que, como digo, es la época más difícil sobre la que escribir porque carecemos de una distancia, de lo que llamamos perspectiva histórica. En su naturaleza retorcida y frustrante recuerda lo que sostenía Antonio Gramsci, el gran filósofo, politólogo y activista político italiano que, en alguna ocasión, dijo algo así como: "El viejo mundo no acaba de morir. El nuevo mundo aún no ha nacido. Es la hora de los monstruos". El presente es la hora de los monstruos, pienso. Vivimos una época intolerable, pero tal vez no incorregible.

GREG DAWES: Quisiera terminar con una cita de Edward hacia el final de la novela: "Necesitamos la ficción para convencernos de que las cosas pueden ser distintas de como son, para continuar creyendo que existe algún tipo de diferencia entre lo que hacemos y lo que –aparentemente, 'sólo'– imaginamos y porque, en nuestro deseo de comprender la naturaleza secreta de las cosas de este mundo, sentimos una necesidad irreprimible de consuelo".

PATRICIO PRON: Edward lo ha dicho. Yo no puedo decirlo mejor. [Greg Dawes se ríe]

PREGUNTAS DE LA AUDIENCIA

PREGUNTA: Muchas gracias por el conversatorio. Escribí mi proyecto de grado de la maestría sobre su novela *Mañana tendremos otros nombres*. Mientras leía la novela, y aún mientras escribía el ensayo, me pregunté si usted sentía nostalgia de las formas de seducir que se han ido transformando. Yo no pude evitar la nostalgia de otros tiempos, no voy a decir mejores, pero sí tan diferentes.

PATRICIO PRON: Muchas gracias por haber escrito acerca de mi trabajo y gracias por tu pregunta, naturalmente. Por mi parte, no siento nostalgia del pasado. No soy una persona nostálgica, de hecho: es un rasgo de carácter, posiblemente una especie de rechazo infantil a mi padre, que además de periodista es historiador y es una persona muy nostálgica. Yo no lo soy. Aún recuerdo con bastante claridad cómo las personas que crecimos en una sociedad atravesada por el machismo éramos forzados a seducir y ser seducidos. Naturalmente el machismo –llamémoslo patriarcado o como queramos– es devastador para las mujeres, en particular para las mujeres jóvenes y pobres, así como para las disidencias sexuales; pero también deja un pozo en los hombres heterosexuales y lo dejó en mí. Nunca me sentí bien o cómodo en el viejo régimen de la sentimentalidad. Es posible que tampoco me sienta del todo cómodo en el actual, pero creo que al menos hemos adquirido algunos derechos, o hemos otorgado algunos derechos a algunas personas, y hemos adquirido la conciencia de que nuestras ideas acerca del género eran provisorias y parciales. Por supuesto esto provocó una reacción que vemos en la actualidad bajo la forma de ideologías que niegan las libertades a las personas, incluso las libertades íntimas, las libertades sexuales; pero acerca de esto tenemos que hablar mucho y no tenemos tiempo para ello, básicamente. No siento nostalgia, pero tampoco acabo de sentirme bien en el nuevo mundo de los afectos.

HECTOR JAIMES: Al comienzo hablaste de recuperar palabras que nos han quitado. Precisamente pienso que el capitalismo se ha robado dos palabras vitales: *libertad* y *democracia*. Creo que como escritor trabajas implícitamente con la palabra *libertad*. ¿Qué nos puedes decir al respecto de esa relación entre literatura y libertad?

PATRICIO PRON: Es una magnífica pregunta. Gracias, Héctor. Cuando creas cosas, ya sean libros o discos o canciones o filmes, reclamas para ti una libertad que nadie te ha otorgado, pero que tienes que conquistar para poder producir algo que sea relevante para ti y para otros. De manera que hay un vínculo inextricable, imposible de deshacer entre creatividad y libertad. Sin embargo, efectivamente, términos como *creatividad*, *libertad* y *democracia* nos han sido sustraídos, así como nos han sido sustraídos otros términos, y es parte del trabajo de algunas personas, entre las que me incluyo, el tratar de recuperarlos, el devolverlos a la discusión pública sin las connotaciones que tienen en este momento. En algunas ocasiones, esto requiere una escritura muy explícita y es la que naturalmente yo practico cuando trabajo en los periódicos o participo de conversaciones como esta. Pero a veces puedes hacerlo de forma implícita, y esos son mis momentos favoritos. *Mañana tendemos otros nombres* no es una novela especialmente provocadora, por ejemplo. Y, sin embargo, me impresionó mucho descubrir que en países como Perú, como Bolivia, determinados círculos en México y, naturalmente, en China, la novela era leída como algo enormemente provocador. Me hizo pensar que, a pesar de que creemos vivir bajo un régimen por completo globalizado, aún hay características nacionales y agendas específicas en cada uno de los países que hacen que en ellos se lean distinto. Esto desde luego me apenaba, no por mi libro o por mí, sino más bien porque, evidentemente, para algunas personas en esos países el ser ellos mismos era más difícil que en España o que en Argentina.

PREGUNTA: Dice usted en el artículo "Desconcierto amoroso en la época de Tinder" en *El País* de 2019 que utiliza pronombres y letras de los nombres en *Mañana tendremos otros nombres* para conseguir el carácter universal. ¿Por qué eligió usted las letras específicas A, B, G, D, E, F, J, M, S en vez de A, B, C, D, etcétera y por qué Bg en vez de B? Parece que tienen algún significado porque no parecen aleatorias.

PATRICIO PRON: Gracias. Cuando escribo, escribo para lectores como el que nos hace esta pregunta. Obviamente no tengo un lector ideal en la cabeza, pero a la hora de pensar cómo desearía yo que sean mis lectores, pienso en lectores mucho más inteligentes que yo, o menos tontos, y muy capaces de leer a contrapelo, por decirlo así, de extraer de los libros cosas que los libros dicen, pero que no dicen en voz alta. Y esta pregunta demuestra que no estoy del todo equivocado en creer que esos lectores existen. Sí, hay una razón por la que estas siglas aparecen en la novela y no otras. Inicialmente, la idea era que los personajes adquiriesen sus nombres de aparición: uno sería A, el siguiente en aparecer sería B, habría un C, etcétera. Sería fácil de comprender, pensaba yo. Pero después creí que no era tan evidente como yo pensaba, así que escogí la primera letra de los nombres más populares de España. Por ejemplo, en España, hay muchas Pilares o, aún más frecuentemente, María Pilares, de modo que tenía que aparecer una M o una MP. Pero hay un chiste personal, un chiste interno en la novela, que Bg es naturalmente Begoña, que es un nombre que es bastante popular en España, pero podría haber sido confundida con Beatriz o Bea, así que hay dos letras de su nombre y no solamente una. Uno deja trazos en los libros y, a veces, cuando tienes la fortuna de tener buenos lectores, los lectores y las lectoras naturalmente los encuentran. Es maravilloso que así sea.

PREGUNTA: Imaginar otros mundos es fácil. Llegar a ellos es otra cosa. ¿Cuál es la praxis política necesaria para llegar a ellos en este momento histórico? Se plantea la pregunta desde la izquierda y no desde la derecha.

PATRICIO PRON: Yo lo veo de dos maneras. Por una parte, creo que, desde luego, existe siempre la posibilidad, y de esto habla Walter Benjamin, de que lo que está en un lugar esté en otro en otro momento. Es decir, que lo que son las causas de nuestra opresión devengan las causas de nuestra liberación. Que lo que nos asfixia y nos condena nos libere de alguna manera en el futuro, cuando sepamos cómo oponernos a él. Esto puede sonar muy abstracto y tal vez lo sea. Pero hay otra forma de verlo, a la que recurre un filósofo alemán que plantea la posibilidad de que seamos capaces, en algún momento, de interrumpir la interrupción. Si nuestra forma de vida, si nuestro modo de vida es profundamente disruptivo, como creo que lo es, en la medida en que es una forma de vida que nos hace daño y hace daño a otros, como postulo en *Mañana tendremos otros nombres* y *En la naturaleza secreta de las cosas de este mundo*... si nuestra forma de vida es la interrupción de una vida mejor, tenemos que encontrar la manera de interrumpir la interrupción. Para ello necesitamos una serie de consensos y una serie de habilidades que son de muy laboriosa construcción, pero que pueden construirse en torno a los libros.

Puede suceder, además, que estemos planteándonos las preguntas equivocadas, y existe la posibilidad de que esa sea la razón por la que las respuestas que nos damos están equivocadas. Por mi parte, yo solo veo preguntas equivocadas a mi alrededor y creo que en la literatura existe el potencial de llevarnos a hacer mejores preguntas. Pero no va a desatar ese potencial en una simple lectura; se trata de leer mejor, y de hacerlo juntos. Los escritores latinoamericanos que me preceden, en particular los grandes nombres del *boom*, fueron autoridades morales que aspiraban a decirnos qué debíamos comprar, cómo debíamos pensar, dónde, a quién debíamos votar, etcétera, etcétera, etcétera. Por mi parte, yo nunca he querido ser de ese tipo de figura, nunca he creído estar en posesión de ninguna verdad absoluta, sino de una verdad, tal vez, balbuceante que surge de la propia práctica y siempre puede ser puesta a prueba.

No tengo más que eso. Pero puedo tener más y, de hecho, lo obtengo allí donde tengo la oportunidad de conversar con otros. Estas conversaciones, diálogos como este que tenemos hoy, son enormemente enriquecedores para mí y ojalá lo sean también para otras personas. Me dicen cosas acerca de mí mismo. Me dicen cosas acerca de los demás. Me dicen cosas acerca de los libros que he escrito que, a menudo, yo mismo desconocí. Y me dicen cosas en torno a un asunto central para mí, que es que no estoy solo y que hay algo más grande que yo y que yo soy parte de él.

GREG DAWES: Muchas gracias, Patricio. Ha sido fascinante hablar contigo y quiero darle las gracias también a todas las personas que participaron en este conversatorio de alguna forma u otra.

PATRICIO PRON: Gracias a ti, Greg. Gracias a los amigos y amigas que han estado del otro lado de la pantalla. Me sentí como si estuviese allí, de modo que muchísimas gracias.

Día 4 - NONA FERNÁNDEZ
con María Rosa Olivera-Williams

SCOTT WEINTRAUB: BIENVENIDAS Y BIENVENIDOS a nuestro último conversatorio en la serie *La literatura en el mundo neoliberal*, en que celebramos los veinte años de la revista *A contracorriente*. Soy Scott Weintraub, profesor de literatura latinoamericana en la Universidad de New Hampshire y el director actual de la revista. Esta noche tengo el honor de presentar a nuestras invitadas. Van a hablar por una hora, hora con diez minutos, y luego habrá tiempo para preguntas.

Empecemos con mi colega María Rosa Olivera-Williams, quien es profesora de literatura latinoamericana y estudios culturales en la Universidad de Notre Dame, en Indiana y es la editora de las reseñas sobre la cultura y la literatura para *A contracorriente*. Es autora de varias monografías, entre las que se destacan: *El arte de crear lo femenino: ficción, género e historia del Cono Sur*; *El salto de Minerva: Intelectuales, género y Estado en América Latina*, con Mabel Moraña; *La poesía gauchesca, de Bartolomé Hidalgo a José Hernández: respuesta estética y condicionamiento social*; y *Tango: Imagining National Roots in the Maelstrom of Modernization and Modernity in Argentina and Uruguay*. Además, ha editado los siguientes libros: *Humanidades al límite: posiciones desde/contra la universidad global*, con Cristián Opazo; *Diamela Eltit: Essays on Chilean Literature, Politics, and Culture*, con Michael Lazzara y Mónica Barrientos; y *Escenas de traducción en las literaturas de América Latina*, con Rodrigo Caresani, libro publicado con nosotros en la Editorial A Contracorriente. Finalmente, le queremos felicitar de nuevo por la muy prestigiosa beca del National Endowment for the Humanities que recibió el año pasado para el *Rubén Darío Critical Editions Project*.

MARÍA ROSA OLIVERA-WILLIAMS: Perfecto. Bueno, muchísimas gracias, Scott, y muchísimas gracias, Greg, por esta oportunidad de estar celebrando el vigésimo aniversario con esta conversación con la escritora, actriz, dramaturga y guionista chilena Nona Fernández, cuya obra narrativa admiro desde hace mucho tiempo, pero a quien no conocía personalmente hasta este momento, en que nuestras imágenes virtuales se encuentran.

Nona Fernández nació en Santiago de Chile el 23 de junio de 1971, fecha que describe en su ensayo biográfico de 2019, *Voyager*, profundamente imaginario, como el momento en que, cito: "El sol pasaba supuestamente por una parte de la constelación del cangrejo que pisó Hércules. Tal vez una pata, tal vez una antena, tal vez la mitad de su caparazón, y su madre se detuvo frente a la clínica, sola y nerviosa, lista para dar a luz". Luego añade: "La primera escena de mi vida está ausente de mi memoria. 1971 en Chile era un año que prometía cambios importantes".

Unos meses antes del nacimiento de Nona, en abril de 1971, los partidos de la Unidad Popular recibieron casi el 50% de los votos, una pluralidad en las elecciones municipales, lo que fue interpretado por *The New York Times* como un mandato popular para seguir adelante con el programa socialista revolucionario de Allende. Sin embargo, ya se gestaba la historia que impediría que esos cambios se concretaran, tanto a nivel nacional como regional, y convirtió a la generación nacida en esa encrucijada cósmica, histórica y personal en trabajadores de la memoria o, para usar un término de Elizabeth Jelin, en *entrepreneurs* de la memoria.

Si bien la memoria y la literatura son dos caras de la misma moneda, el contexto histórico del Cono Sur en el último tercio del siglo XX —las dictaduras militares— moldeó la producción literaria de tres generaciones. Las narrativas de los años 80 y 90 se centraron en las víctimas del terror de Estado y sus testimonios de tortura, exilio y otras humillaciones, así como en reflexiones sobre la ética de la memoria y su relación con la verdad y la justicia.

Una segunda etapa, que podría corresponder a finales de la década de 1990 y principios de la de 2000, se centró en el periodo de militancia y luchas revolucionarias que precedió a los regímenes dictatoriales, trabajando más allá de las víctimas hacia una visión histórica ampliada y compleja que pudiera analizar críticamente ciertos temas tabú, como la militancia, de los que no se solía hablar.

Una tercera fase, que se solapa con los debates sobre la militancia antes mencionados, corresponde aproximadamente a los últimos veinte años y se centra en las experiencias y memorias de los hijos de las dictaduras: tanto los hijos de militantes desaparecidos como aquellos que crecieron durante las dictaduras, pero sin un contacto tan directo con la violencia política. Los temas son diversos: la entrada de la memoria en los contextos cotidianos, el papel de las nuevas tecnologías en la creación y consumo de la memoria, el género en la memoria, la circulación transnacional de la memoria, las formas de conmemoración, los encuentros y desencuentros entre memoria y democracia o entre memoria y derechos humanos, así como las ventajas y desventajas de trabajar la memoria en clave comparada.

En esta tercera etapa encontramos la rica y original narrativa de Nona Fernández, que relee y reescribe el cuerpo escritural de la nación desde espacios marginados, olvidados o borrados, desde sujetos silenciados y abandonados. Minorías políticas, étnicas y sexuales cuyas estrategias de resistencia encuentran en su literatura un lugar que el discurso de la historia oficial les ha negado.

La obra de Nona Fernández está constituida, hasta el momento, por el volumen de cuentos *El cielo* (2000) y las novelas *Mapocho* (2002) —ganadora del Premio Municipal de Literatura y cuya edición definitiva se publicó en 2020— y *Avenida 10 de Julio Huamachuco* (2007), con su edición definitiva en 2021, ganadora del Premio Municipal de Literatura. También *Fuenzalida* (2012), *Space Invaders* (2013), *Chilean Electric* (2015) —ganadora del Premio Mejores Obras Publicadas del Consejo Nacional del Libro y la Lectura en la categoría novela—, *La dimensión desconocida* (2016) —ganadora del Premio Sor Juana Inés de la Cruz— y *Preguntas frecuentes* (2020). En el ámbito del ensayo, ha publicado *Voyager* (2019). En teatro, destacan *El taller* (2012) —ganadora del Premio Altazor y del Premio Juan de Nuez Martín— y *Liceo de niñas* (2016), ambas obras estrenadas con su compañía La Pieza Oscura. Su obra ha sido traducida al alemán, inglés, francés, italiano, portugués, griego y turco.

Mucho más habría que decir para presentar a Nona Fernández, quien en 2011 fue seleccionada por la Feria del Libro de Guadalajara como uno de los *25 secretos mejor guardados de la literatura latinoamericana*. Por supuesto, ese secreto ya no lo es, y su obra la ha consagrado como una de las autoras más sólidas de nuestro tiempo, premiada por la crítica, objeto de tesis doctorales y leída con avidez por el público.

Pero todos estamos aquí para escuchar a Nona Fernández. Así que, Nona, si me permites, empecemos esta conversación con el lugar de la literatura en el mundo neoliberal desde tu perspectiva. ¿Cuál es la situación de la creación literaria en Chile y, más ampliamente, en América Latina? ¿Cómo es para las escritoras en particular?

NONA FERNÁNDEZ: María Rosa, muchísimas gracias por esa gran presentación minuciosa, generosa, cariñosa. Muchísimas gracias. Quiero aprovechar también de agradecer a *A contracorriente* por esta invitación, por darnos la oportunidad de poder conversar y reunirnos. Lo estoy diciendo mucho últimamente: estamos viviendo, humanitariamente, tiempos tan extraños, tan revueltos, a ratos tan desesperanzadores, que la posibilidad que tenemos de reunirnos a hablar de los temas que nos apasionan, que nos gustan, es un regalo, y tenemos que atesorarlo. Así es que agradezco profundamente esta posibilidad de conversación conjunta, sin duda. Y saludo a todas y a todos quienes nos están viendo en este momento, por supuesto.

Me haces una pregunta gigante. Es un diagnóstico universal de lo que puede llegar a ser la escritura ahora, que además es un tiempo muy confuso. Mira, quizá va a ser pobre mi respuesta, pero, a partir de ella, podríamos ir desmenuzando. Creo que, sinceramente, en este momento —y voy a asociarlo un poco con lo que estaba diciendo recién— es un momento tan extraño, tan complejo, tan difícil de comprender. A mí me pasa mucho eso. Cada vez comprendo menos el acontecer diario. No entiendo hacia dónde va el mundo en este momento. O quizás lo estamos entendiendo bastante bien, pero no lo podemos creer, ¿cierto? Y dentro de este contexto, a mí me parece que la creación artística —y aquí voy a agrandar un poco el límite a la creación artística en general— es una tabla de salvación. Sin duda lo es para quienes creamos, sin duda sí lo es. O sea, para mí, en este momento, es una manera de estar en el mundo. Probablemente, siempre ha sido una manera de estar en el mundo. La creación, la reflexión literaria, es una manera de estar y de intentar comprender.

Escribo, justamente, de lo que no comprendo, de lo que me desasosiega, de aquello que todavía mi intelecto no es capaz de organizar, y en este momento se vuelve más desafiante. Por eso, y también lo creo desde mi lugar como lectora, como "consumidora", aunque no me gusta mucho la palabra, pero como "consumidora cultural". A mí los libros, las obras de teatro, las películas, las artes visuales me están rescatando de la debacle, de alguna manera. Y no me ofrecen respuestas con respecto al momento en que vivimos, pero sí ventanitas de luz, ventanitas de aire, ventanitas de comunidad también. Puede ser este momento o la réplica de este momento, que todas y todos quienes estamos aquí la vamos vivenciando a ratos durante nuestra vida. Creo que la creación literaria, la creación artística, es para mí la tabla de salvación en este minuto incierto y complejo que estamos viviendo como humanidad.

MARÍA ROSA OLIVERA-WILLIAMS: Perfecto. Hay una movida cultural fuerte en Chile. Tanto en el mundo del espectáculo como en publicaciones y presentaciones hay esos espacios en que se puede hablar, se puede tener contacto por medio, también, de la creación. ¿Cómo lo ves tú?

NONA FERNÁNDEZ: Sí, por supuesto que sí. Bueno, acá en Chile hemos vivido momentos muy efervescentes estos últimos años; tuvimos una revuelta social muy importante que se abrió en el año 2019, y eso nos dejó con los ánimos muy, muy encendidos. Una revuelta social que se mezcló con la pandemia, todo un proceso constituyente que fracasó, digámoslo así. Luego, se retomó otro proceso constituyente. Entre medio, vino la consolidación de un gobierno socialdemócrata —llamémoslo así— o, más bien, de izquierdas, que en Chile hace un rato no teníamos. Entonces, hemos estado arriba, abajo, arriba, abajo, arriba, al lado, adelante. Nos hemos movilizado mucho y, por supuesto, en este movimiento la reflexión cultural ha sido, y es, muy importante, como una manera de intentar, tal cual como lo decía recién, comprender un poco el escenario. Cada vez comprendemos menos, pero, por lo menos, estamos ahí intentando hacerlo. Y, claro, existe una gran efervescencia en eso. También hay una gran producción literaria, teatral y de artes visuales. Yo creo que, y de eso estoy segura, no es algo que ocurre solamente en Chile. Es en esos espacios donde comienza a decantar un poco lo que social y políticamente ocurre. Eso que, a diario, es muy difícil de hacer —no sé si me expreso bien—, de comprender, de tomar y de hacerlo. Las artes empiezan a aconcharlo, a sedimentarlo para transformarlo en algo y, a partir de ese algo, poder intentar mirarlo.

Esa discusión, yo te diría, está siendo interesante. Hemos vivido distintos momentos también en eso, pero creo que hay una comunidad cultural que está muy unida y muy enfocada en eso. Por supuesto, no toda la creación artística está en ese lugar. Hay una gran cantidad de creación que está cooptada por el mercado, eso lo sabemos. En todo el mundo ocurre, ¿no es cierto? Y esa línea circula en un lugar, en otro lugar. Yo estoy hablando, de alguna manera, de la creación que nos interesa. Yo sé que nos interesa a nosotras, la que nos remueve un poco, la que nos va abriendo ventanas, la que nos deja ver aquello que, en general, no se está viendo. Porque yo creo que ese tejido es el que la creación normalmente ve. Es todo aquello que empezamos a ver debajo del agua, lo que no está en la apariencia, lo que no está en la vitrina, lo que no enfoca el mercado, lo que no enfocan los medios de comunicación. Esa reflexión es la que se está dando culturalmente y, por supuesto, es interesante. Es lenta, es incierta también, pero es lo más interesante, por lo menos para mí, que me está ocurriendo en este minuto.

MARÍA ROSA OLIVERA-WILLIAMS: Perfecto. Creo que, en algún momento, dijiste que eras "actriz por diversión, narradora por fastidiar, intentando no olvidar lo que no se debe olvidar, guionista de telenovelas por necesidad, chilena incómoda y a veces rabiosa". Si esta cita es correcta, ¿hay una separación en estas actividades de Nona Fernández? ¿O la actriz, la narradora, la guionista y la chilena retroalimentan a la creadora Nona Fernández? ¿Y cómo? Habría que agregar también el ser hija, nieta, madre, esposa.

NONA FERNÁNDEZ: Por supuesto, sí. En algún momento, en estas solicitudes que se hacen —creo que fue en la Feria de Guadalajara— se me pidió como una breve definición. No hay nada más difícil que definirse, ¿no? Y no hay nada que clausure más a cualquier persona que una definición, pero sigo encontrándome, de alguna manera, en esa definición, que creo que debe llevar quince años, probablemente. Sobre todo en aquello de *chilena incómoda*. Creo que esa incomodidad es la que enciende mi escritura, enciende mi mirada. Justamente ese espacio es el que me hace movilizarme creativamente, y creo que, sin duda, eso es lo que nutre a la creadora.

Creo que antes, cuando era más joven, estaba más escindida. Me costaba mucho entender cómo podía hacer muchas cosas al mismo tiempo, porque tenía esto que, probablemente, no es un monopolio chileno, pero a mí, de chiquitita, me enseñaron que tenía que hacer una sola cosa, y esa cosa la tenía que hacer bien. Y eso, por supuesto, como es un límite, me incomodaba mucho. Me costaba poder entender cómo podía ejercer un rol como escritora, otro como actriz, otro como guionista. Y claro, a estas alturas de la vida y de mi creación, todo está muy enredado y es parte de lo mismo. Mi obra circula, mis preocupaciones, mis reflexiones circulan en cada cosa que yo hago, no importa la plataforma. Y si escribo una obra, esa obra alimenta, probablemente, mi próxima novela, y esa novela, un nuevo ensayo, y así, todos los materiales van potenciándose. Y también comienzan en un ejercicio de hibridaje, que es un poco en lo que me he transformado con el tiempo. Mis obras, mis novelas, ya no sé qué son. Mis obras de teatro tampoco, son un poco novelas, son un poco de todo. Es una creación muy líquida a estas alturas.

MARÍA ROSA OLIVERA-WILLIAMS: Sí, yo creo que la obra de los grandes escritores constituye un universo con tantos capítulos como libros publicados, y esto, que creo que es especialmente cierto en tu caso, tu universo está constantemente indagando sobre la memoria. Entonces, me encantaría que nos hables de tus estrategias discursivas. ¿Cómo y con qué textos literarios entras en diálogo?

NONA FERNÁNDEZ: Mira, entro mucho en diálogo, y esto es, originalmente, por los métodos de investigación, con la historia, con los textos históricos, con las crónicas históricas de mi país, con el archivo histórico de mi país. Soy una escritora que trabaja con archivos. No sé trabajar sin archivo, tengo muy poca imaginación. Si no existe un archivo, yo no voy a saber qué escribir. Necesito ese ancla a la realidad para poder desatar la imaginación, para poder desatar la creación. Pero la realidad, para mí, es muy importante. Primero, fue algo muy orgánico, sin un plan al respecto, y luego se ha ido convirtiendo en una metodología. Entonces, normalmente comienzo trabajando mucho en la recolección de archivos históricos, en la lectura de todo aquello que pueda alimentar, de alguna manera, ese desate imaginativo, dependiendo de cada material.

En ese sentido, yo creo que ustedes deben conocer el trabajo de Cristina Rivera. Por ejemplo, cuando comencé a leer a Cristina, encontré, de alguna manera, a una hermana que estaba pensando también la escritura desde el lugar del archivo de manera muy clara. Cristina ha desarrollado todo un trabajo al respecto y toda una escritura, no solamente en su plano literario, sino también en su plano ensayístico, acerca del cómo trabajar con el archivo, de lo que son los archivos. Y claro, muy orgánicamente, también me sentí muy cómplice de ese trabajo. La leo, la analizo mucho, intento no perderme nada de lo que escribe. Cada cosa que escribe intento ir siguiéndola, porque me siento traducida, de alguna manera, por ese pensamiento en el momento de escribir y de trabajar con el archivo.

Insisto, ¿cómo trabajar con un archivo? Porque también las maneras de trabajar con el archivo pueden ser diversas, y ahí también, claro, hay toda una relación y toda una autoría en ese aspecto, en cómo uno trabaja con el archivo, pero fundamentalmente pasa por ahí. Todo mi plano más creativo pasa por lo que el archivo me entrega, por la escucha de ese archivo, por cómo ese archivo me va encendiendo. Y ese archivo, entendámoslo bien, no solamente es literatura o historiografía. Ese archivo es dispositivos dispositivos, son personas, son espacios, son materiales domésticos, cartitas, libretitas que pueden haber quedado de algo, de alguien. Todo ese material habla, no solamente en su discurso o en su historia, sino también en su ser, en su corporalidad. Eso a mí me interesa muchísimo, y es parte del trabajo que se ha ido desprendiendo de lo que he ido haciendo en ese lugar. He ido deviniendo en ese lugar también, en trabajar mucho con la huella que queda del archivo, no solo con el archivo como una huella, sino con la huella que deja el archivo: la ruina de ese archivo, el despojo de ese archivo, el olor de ese archivo, lo que uno intuye, lo que está escrito debajo del archivo, la mugre que dejó el archivo. Todo aquello que, sin duda, es material de memoria y de reconfiguración de un ayer que se lee desde un hoy.

MARÍA ROSA OLIVERA-WILLIAMS: Eso es como el nacimiento. O sea, *Mapocho*, ahora que tú dices todo esto, está ahí, están esos otros archivos recientes, está la historia, está el Archivo Nacional de Chile, está ese río con toda su mugre, que es, de todas formas, la historia chilena en distintas épocas. Entonces, desde esta gran primera novela se nota todo esto que tú estás diciendo ahora: cómo te interesa trabajar con el archivo, cómo te interesa trabajar con la historia, recreando, haciendo algo absolutamente nuevo.

En una entrevista de los años 70, Jorge Luis Borges dijo al periodista de televisión español Joaquín Soler Serrano que la obligación del escritor era transformar la realidad en símbolos. Si la literatura tiene la obligación de crear un lenguaje y un mundo figurativos, ¿cómo utilizas tú la alegoría? Pienso especialmente en *Mapocho*, pero quiero encontrar alegorías en otras de tus novelas. ¿Se puede pensar en el juego *Space Invaders*, que en 2013, cuando se publicó tu novela anónima, tenía 35 años, como una alegoría?

NONA FERNÁNDEZ: Es posible. Voy a ser bien honesta: en el momento de trabajar los textos, no pienso en la alegoría como un concepto a trabajar. Creo que, más bien, devengo en ella y termino trabajando lo que me interesa. Pensando en lo que tú estás hablando de *Space Invaders*, se trata de hacer dialogar los materiales y las historias. Para ponerlo más claro, normalmente, como trabajo temas de historia y de un archivo historiográfico que pertenece no solamente a mi propio archivo, sino a una generación completa, a un país completo, me interesa desacralizar, siempre me ha interesado eso. El trabajo de la memoria me interesa desde el lugar de despejar toda sacralidad, no para faltarle el respeto a la memoria, sino para poder acercarla a la gente, a quien lee. Entender que el ejercicio histórico y el ejercicio de memoria es un ejercicio que hacemos las personas chiquititas, no necesariamente los grandes historiadores ni las grandes escrituras, es un ejercicio que hacemos quienes lo queremos hacer, con los métodos que podamos y con lo que tenemos a mano.

Entonces, algo que siempre me ha interesado —y ahí me meto en *Space*— es poder generar imágenes lo más amplias y lo más chatarras posibles también. O sea, si quiero hablar de cómo un ejército fue capaz de balear a sus niños, claro, aparece la imagen de ese juego que fue el *Space Invaders*, un juego que jugó mi generación, no solamente en Chile, sino a nivel mundial. La generación del 80 jugó ese primer *shoot-off*, donde estos tanques baleaban a las invasiones alienígenas. Esa imagen aparece, y algo pasa, y algo cobra sentido en ella. Y claro, el resto de las imágenes del libro empieza a constelar en ese gran universo que es el juego, y el libro comienza a estructurarse a partir del juego. Hablamos de una primera vida, de una segunda vida, de una tercera vida, hablamos de un *Game Over* también, pero eso me lo entrega el material. Eso aparece, no lo pienso, y claro, empiezan a configurarse estas escenas.

En el caso de *Mapocho*, yo podría decir que tiene un lenguaje más alegórico en ese sentido. Esa Rusia y ese indio son dos personajes particulares, pero sabemos que no son personajes reales y concretos. En *Space Invaders*, por ejemplo, los nombres que circulan en el curso —Estrella González— corresponden a un personaje real, concreto, y quien lee lo entiende. Entiende que esos apellidos pueden ser apellidos de cualquier persona, pero, en rigor, son personitas. La Rusia y el indio son alegorías, Fausto es una alegoría, la madre es una alegoría, y eso se construyó originalmente así, de una manera muy natural, sin que yo me hubiese planteado la idea de hacer una gran alegoría. Ocurrió, ocurrió así, y seguí ese lenguaje, que, por lo menos para ese primer libro, me acomodó mucho, me gustó mucho y me hizo sentir muy libre también.

MARÍA ROSA OLIVERA-WILLIAMS: Es maravilloso lo que dices cuando la versión definitiva como, de todas formas, seguía vivo a pesar del tiempo que había pasado. Todo era como si hubiera pasado en ese momento.

NONA FERNÁNDEZ: Claro, con ese libro nos pasó, y es a lo que tú aludes en esa versión definitiva, que no dista mucho, no es muy distinta de la versión original, salvo por un proceso de edición pequeña, de palabras, de estilo, pero fue muy remecedor para mí leerlo tanto tiempo después y ver que el libro tenía un nuevo sentido. Porque cuando uno escribe los libros —bueno, ya no, porque voy a decirlo, ya estoy más grande—, ya entiendo el flujo y la vitalidad que cobran los libros con el tiempo, los libros de uno. Porque, evidentemente, cuando yo me puse a escribir, sabía que la gran literatura tenía un valor por siempre, ¿no es cierto? Pero no esperaba eso jamás de mis libros. Entonces, constatar, veinte años después de la escritura de *Mapocho*, que seguía teniendo una validez muy clara y que se alimentaba del escenario actual, que lo nutría de nuevos sentidos, fue muy remecedor y muy triste también, debo decirlo. Habría sido muy bonito que el libro ya no tuviera sentido, porque todo lo que ahí circulaba ya era parte de un pasado de Chile. Desgraciadamente, no es así, y creo que el libro todavía va a tener mucha vigencia. Es muy bueno para mí, para el libro, pero no sé si es muy bueno para mi país.

MARÍA ROSA OLIVERA-WILLIAMS: Es cierto, es absolutamente cierto. En varias de tus novelas hablas de sueños o pesadillas y de recuerdos para referirte a la memoria colectiva. Las pesadillas de los niños en *Space Invaders*, por ejemplo, sería esa memoria colectiva, y los recuerdos, como memorias individuales de lo que una vez fue una memoria colectiva. Pero luego, los sueños y los recuerdos de esos sueños se confunden. ¿Cuál es el papel de la ficción narrativa en la creación de una memoria colectiva?

NONA FERNÁNDEZ: Yo creo que, para quienes nos interesa trabajar estos temas, e incluso para quienes no les interesan los temas que tienen que ver con la memoria histórica de un país, de una sociedad, de una generación, la literatura genera un imaginario inconsciente. Para quienes nos interesa, por supuesto, lo que vamos haciendo es un tejido, un tejido con ese imaginario inconsciente. Vamos tejiendo con el material de los sueños, con el material del recuerdo, nuevos materiales. Vamos proponiendo una nueva realidad a partir de eso, un poco como lo dice la maestra Ludmer: que uno va sacando de la plaza pública, recogiendo, generando, fabricando nueva realidad. Creo que la literatura, con el material de los sueños, del inconsciente y de la memoria, genera realidad. Y eso es maravilloso, porque lo que hacemos es generar; con esa realidad, vamos generando también nuevos imaginarios.

Por eso también digo que no es solamente para quienes trabajamos con historias, con discursos o con el rescate de nuestra memoria. Creo que toda la gran literatura nos ha brindado nuevas realidades a partir de las cuales nuestro imaginario se desata, y podemos construir incluso nuevos libros a partir de cosas que nunca vivimos, pero sí las leímos. Y eso, me parece a mí, es un ejercicio del inconsciente. Es como si la gran biblioteca universal fuera un contenedor de imaginario inconsciente de la humanidad, y eso es un rol fantástico, mágico, de una responsabilidad y un honor que tenemos quienes escribimos. Precioso, ¿no? Me encanta pensarlo así, como una especie de caldero de hechicero. Eso es la literatura, porque vamos encendiendo el fuego, encendiendo el fuego de la imaginación y del imaginario, y para quienes nos interesan los temas concretos de recuperar memoria, creo que lo que vamos tejiendo también es, justamente, materiales o libros que van dejando cuenta de cosas que quizá no están en el archivo oficial, que no están en un libro histórico, en un museo o en un discurso histórico imperante, sino que están ahí, como la huella, como la ruina, y con ese material vamos tejiendo y vamos generando también un material que queda ahí, como una posibilidad más de construir realidad.

MARÍA ROSA OLIVERA-WILLIAMS: Una pregunta que siempre quise hacer a una escritora, pero nunca me atreví, ¿cuáles son tus novelas favoritas?, y ¿por qué? Me refiero a novelas de tu autoría.

NONA FERNÁNDEZ: Ah ¿mías?

MARÍA ROSA OLIVERA-WILLIAMS: Es una pregunta que siempre quise hacer.

NONA FERNÁNDEZ: Que divertido, nunca me habían hecho esa pregunta. Digo, la otra también es difícil, porque uno ha ido acumulando novelas favoritas a lo largo del tiempo, y siempre es muy difícil, porque hablan mucho de la persona que uno está siendo en el momento. Pero las mías... Creo que es difícil tener—no, no es tan difícil. Voy a ser bien honesta. Hay distintos grados de favoritismo. Por ejemplo, *Mapocho* para mí es una novela que quiero mucho y a la que le tengo mucho afecto, porque creo que es la novela en la que me armé, me armé como escritora. Cuando escribí ese libro, la experiencia de escribirlo fue la que me dijo: "wow, eres una escritora, eres una escritora". Hasta ese momento, por supuesto, yo coqueteaba con la escritura. La tomaba muy en serio: mis talleres literarios, mi libro de cuentos, incluso mis excursiones en antologías. Pero hasta entonces, yo sentía—como decimos en Chile—que estaba pololeando, estaba flirteando, como en un noviazgo, pero nada tan serio. Sin embargo, cuando escribí *Mapocho*, esa novela me regaló la experiencia de comprender—independientemente de lo buena o mala que fuera la novela—que la experiencia de la escritura se inauguraba en mí como algo fundamental en mi vida, en mi futuro. O sea, después de esa novela, no comprendía el mundo si no lo estaba escribiendo también, si no lo estaba viviendo en la escritura. Y eso, para mí, fue algo muy inaugural. Después vino la idea de que el libro fue bien leído, bien comentado, que hizo eco en su momento y que ha seguido haciéndolo. Me ha regalado muchas cosas, y eso, por supuesto, también le suma.

Pero creo que lo fundamental en ese libro es mi inauguración como autora, como escritora; el hecho de que yo misma me comprendiera como escritora. Porque lo sabemos, y sobre todo las mujeres –esto es toda una experiencia que he conversado con otras escritoras– nos cuesta mucho comprendernos como escritoras. Somos señoras que hacemos muchas cosas y, bueno, también escribimos. El momento en que una mujer se declara escritora es un momento especial, y para mí lo fue. Esto es una conversación que he tenido con otras compañeras que escriben: lo difícil que es la autodenominación, creernos escritoras. Y para mí, *Mapocho* me regaló eso. Por eso es una novela muy querida.

Space Invaders, sin duda, es una novela muy querida también, porque me ha abierto las puertas de lugares que jamás pensé que iba a conocer, de lectores y lectoras que jamás se me ocurrió por la cabeza que ese libro, que para mí es muy local, muy chileno—así lo escribí—, pudiese viajar y hacerme conectar con tantas audiencias. Entonces, claro, es un libro también muy entrañable para mí.

Pero el más favorito del corazón, la verdad—y aquí no hay razones, es puro corazón, puro estómago—, es una novela que no es tan conocida mía, chiquitita, también de estos libros más artefactos, que se llama *Chilean Electric*. Es un libro que habla mucho de mi abuela y de mi herencia con la luz, porque vengo de una familia que instaló la luz eléctrica en Chile, hay que decirlo. Y de mi abuela como registradora de la realidad también. Mi abuela era secretaria de un ministerio y se dedicaba, con su máquina de escribir... la máquina de escribir de mi abuela, que me la regaló. Y en esa máquina yo aprendí a escribir, y siento que, a través de ella, me regaló también esta vocación por registrar. Ya ni siquiera de elaborar literariamente, sino de registrar. También yo me siento muy obrera del registro; de pronto, hay cosas que no las comprendo, pero las registro. Y en el futuro, las y los lectores del futuro van a tener más lucidez que yo, incluso, para poder comprenderlas. Pero me parece importante el registro, el trabajo del documento también, el poder generar un archivo. Y eso siento que mi abuela me lo regaló. Ese libro habla de eso y cuenta toda esa historia. Creo que mi abuela está muy presente allí, y por eso es un libro muy del corazón. Es como mi más favorito, es el que más quiero.

MARÍA ROSA OLIVERA-WILLIAMS: Te confieso que me llegó hace dos días, gracias a Greg. Y digo: "Ay, ¿tendré tiempo?, ¿no tendré tiempo antes de la conversación?" Pero cuando lo abrí, lo que más me encantó es la memoria de tu abuela, que no era cierta, o sea, que ella no podía porque había nacido después de que había pasado. Entonces, me encantó el comienzo. El comienzo atrapa justamente por eso. Y porque estoy enseñando un curso sobre crónicas modernistas, y, por supuesto, la Exposición Mundial de 1900 en París, con el Pabellón de la Electricidad, era lo más fascinante para todos... excepto que Darío renunció y se fijó en otros. Entonces, yo estaba con todo esto de la luz, y llegó la novela. Y digo: "Wow, qué bien que llegó antes del conversatorio, pero horas antes".

NONA FERNÁNDEZ: Es difícil. No, por supuesto que no. Es una novela que cuesta encontrar; tiene su edición española y una edición chilena, y no tiene más ediciones. Yo creo que, quizás, me cuesta entender las lógicas de por qué algunos libros funcionan mejor que otros para las ediciones. Pero quizás sea muy chilena... No sé. En mi lógica, todo lo que escribo es muy, muy local.

MARÍA ROSA OLIVERA-WILLIAMS: Pero es muy universal. O sea, por lo que decías de *Space Invaders*, sí, quizás porque *Space Invaders* es universal también. Entonces, si bien es una historia muy local, hay muchos otros públicos que pueden conectarse.

NONA FERNÁNDEZ: Lo he ido comprendiendo también con el tiempo. Porque, cuando uno comienza a escribir, o cuando uno escribe un libro—o por lo menos yo, no puedo hablar por todo el mundo, pero por lo menos yo—no estoy pensando en cómo los libros van a leerse en un lugar más allá de mi barrio, de mi pequeño mundo. No tengo esa mirada, me cuesta mucho tenerla. Pero he ido comprendiendo, con el tiempo, pienso en *Space Invaders*, que para mí es una historia local, sin duda. Pero, claro, las infancias vulneradas no son un monopolio chileno. Si hablamos de brutalidad y si hablamos de infancia, es algo que todas y todos comprendemos. Cada uno pone el filtro de su propio escenario para leer ese libro, que, por otra parte, es lo que hago yo también cada vez que leo un libro que no es chileno. Sin duda, yo pongo mi propio filtro, y completo, y entiendo. Y hay un lenguaje, que es el lenguaje humanitario universal, que manejamos todas y todos, y que nos posibilita entrar al alma de alguien que no es necesariamente parte de mi barrio y que puede vivir, qué sé yo, al otro lado del mundo.

MARÍA ROSA OLIVERA-WILLIAMS: Correcto, correcto. Como estamos hablando de tu abuela, entonces, y como en toda tu obra, hay algo que es muy de autoficción y de la contaminación de géneros literarios. De lo que tú me hablaste, de que ya no sabes si tu obra de teatro no es también una especie de novela, o si la novela también tiene pasajes increíblemente líricos o dramáticos. O sea, cómo se va contaminando todo. Cuando leí *Voyager*, pensé en *La sumisa* de Cristina Peri Rossi del 2020, en *Los diarios de Emilio Renzi* (2015, 2016 y 2017) de Ricardo Piglia, en varios cuentos de Julio Cortázar e, incluso, en su novela *Rayuela* de 1963 y en Borges: *Borges y yo*, *El hacedor* de 1960. Entonces, háblanos de la autoficción. ¿Qué posibilidades te abre? ¿Hay limitaciones en esto? ¿Te das cuenta de que es una autoficción o no? ¿Ocurre? Háblanos un poquito.

NONA FERNÁNDEZ: A ver, como lo hemos conversado, para mí la memoria ha sido el tema de trabajo. Ha sido el tema de trabajo en toda mi obra. Y cuando hablamos de memoria, hablamos de una memoria que es colectiva. Una memoria que es amplia, que es histórica también, a veces de una memoria oficial. Y hay algo que siempre me ha interesado en ese trabajo, y es que siento que las grandes memorias no están del todo completas y no se filtran con las pequeñas. O sea, que, de alguna manera, la manera de tener lo más completo—o sea, asumiendo que es imposible tener una memoria real y concreta de nada—, la memoria es caprichosa, loca. Nunca vamos a poder tener un recuerdo, y menos si hablamos de una sociedad o de un país que se clausura. Está siempre en movimiento, va a estar siempre actualizándose, siempre mirándose, siempre agregando más material. Y creo que siempre me interesó cómo era el cruce de esa gran historia o de esa gran memoria con el cruce de la pequeña memoria, de la chiquitita, de la que vivimos las personas en nuestras casas. Y, por supuesto, ahí aparezco yo como una representante de esas personas chiquitas, de lo que pasa de la puerta hacia adentro.

Si bien en muchas de mis novelas yo narro justamente esas historias domésticas, que no son las mías necesariamente, y las cruzo con las grandes historias, también me ocupo yo. Pero cada vez que me ocupo yo, tampoco es que me ocupe tanto. Si bien expongo muchas cosas, yo nunca soy tan importante, porque, de verdad, no me creo muy importante. Mi vida no es muy interesante. Pero sí se vuelve interesante en la medida en que puedo ser un personaje comodín para poder filtrar la gran historia.

Pienso, por ejemplo, en una novela, la última más grande que escribí, que se llama *La dimensión desconocida*. En esa novela, claro, trabajo mucho con archivo y voy constituyendo y configurando la historia de un agente de inteligencia chileno que fue el único agente de inteligencia torturador—hay que decirlo—que, en un momento, en medio de la dictadura, dijo: "No puedo más, yo voy a hablar, todo lo que sé lo voy a hablar". Ese gesto, para mí, fue muy interesante, y comencé a seguir un poco esa historia. Pero me di cuenta de que esa historia caía más en la tierra si yo me usaba como un cable a tierra. Porque estas grandes historias, de pronto, pueden ser muy interesantes, pero también están muy alejadas de nuestra propia realidad. En la vida de la gente chiquitita no estamos secuestrando gente ni somos grandes héroes, no nos pasan esas cosas. Pero pasan otras que pueden hacer referencia y que nos pueden ayudar a comprender esos hechos y a entender cómo nuestra vida ha sido modificada por esos grandes hechos. Y en esa circunstancia es donde me interesa ocuparme, y me ocupo en esos ámbitos.

Porque nadie nunca se entera de mi vida íntima, de mi romance ni esas cosas. Yo nunca las pongo. No me parece que sean interesantes. Me pongo como sujeta histórica. Yo creo que más bien tengo que ver en esos ámbitos. Como sujeta que también tiene un testimonio de ciertas épocas, de ciertas cosas. Y depende del material que esté ocupando si lo voy a poner, o si voy a usar mi propia historia familiar. Como, por ejemplo, lo que estábamos conversando recién sobre mi abuela, o en *Space Invaders*, que, en algún momento, la historia que yo narro ahí es una historia completamente real. Estrella González existe, fue una compañera de colegio mía. Y, de pronto, cuando yo, escritora adulta, comprendo que hice un contacto de manera muy lateral con un episodio histórico chileno que fue, acá, muy rudo, muy tremendo—como fue el caso Degollados, acá en Chile—, y que su padre, el padre de mi compañera, era responsable, comencé a investigar esa línea y a ver qué pasaba. Y, en el fondo, es la historia de ese caso, pero es la historia de cómo fuimos educadas también. No solamente yo, sino que ocupo mis recuerdos, claro, mis propios recuerdos y los de mi propia generación escolar.

Entonces, siento que, más que ocuparme a mí misma, no tengo un lugar muy protagónico. La historia siempre pasa por otro lugar, y yo sirvo como de lente para filtrar, para hacer cable a tierra, para ser un comodín también con quien lee. Como que soy parte del universo de la gente chiquitita. Me gusta pensarme así: más cercana a quien lee que a los protagonistas de los libros.

MARÍA ROSA OLIVERA-WILLIAMS: La otra pregunta que tenía era: si tuvieras que compilar un corpus de ficción narrativa de mujeres latinoamericanas que empezaron a publicar en el año 2000, ¿a quiénes incluirías? ¿Crees que hay un *boom* de la narrativa latinoamericana, esta vez con una fuerte presencia de escritoras? O sea, como gente que empieza a publicar, más o menos, la gente de tu generación o de una nueva generación. ¿Qué te parece? ¿Cómo es la escritura de ficción latinoamericana hecha por mujeres en el nuevo milenio? Ya que fueron eliminadas en el *boom* de los 60 y 70, si bien tuvieron madres, pocas fueron reconocidas.

NONA FERNÁNDEZ: No, ¿sabes qué? Me agrada mucho esta pregunta, porque debo decirte que yo soy una gran admiradora de mis compañeras. Me alimento mucho de la escritura de mis compañeras de generación. O sea, yo comencé—sí, estaba pensando cuándo había empezado a publicar yo, claro—, y es más o menos en los 2000. Creo que el 1998 fue mi libro de cuentos; en 2003 fue *Mapocho*; en 2001, claro, soy una chica, una chica de los 2000. Me alimento mucho de la escritura de mis compañeras.

Creo que me cuesta siempre hablar, porque hay algo que es interesante, que ha ido ocurriendo: efectivamente, las mujeres latinoamericanas hemos tenido—no sé si más espacio—, pero sí hay nombres que están circulando con mucha fortaleza y que son narradoras tremendas. Por otra parte, esto se ha ido mezclando con el feminismo, que ha ido abriendo puertas, pero también con el mercado, que todo lo coopta. Y, por supuesto, hay un mercado que ahora está observando a las mujeres porque las mujeres están de moda. Y comienza a mostrar una serie de autoras que comienzan a estar en la palestra un poco por eso también, porque el mercado quiere estar de moda. Tengo grandes compañeras, pero con esto no quiero decir que las demás de las autoras todavía no estén súper presentes, y que tenemos que seguir trabajando al respecto, también, para democratizar un poco el mundo editorial y el mundo de la escritura. Eso quería decir como cosa primera, porque, efectivamente, hay grandes mujeres escribiendo. Hay más tribuna, se nos está observando más, por supuesto que sí. Pero también hay mucha injusticia con las generaciones anteriores. Hay muchas autoras que están circulando a nivel internacional. Se lee ávidamente a las autoras latinoamericanas en otros idiomas ya. Pero con esto quiero decir que no hemos solucionado el problema de la democratización de la escritura, ni tampoco de la edición.

Independiente de eso, yo tengo compañeras que ahora las veo que están en sus momentos más maravillosos de escritura. Bueno, pensemos en Mariana [Enríquez], que ahora es nuestra diva internacional. Claro, cuando yo comencé a leer los primeros cuentos de la Mariana, yo enloquecí. Me encantó el trabajo que hacía, cómo mezclaba el género con la política, cómo íbamos cruzando aquí y ella iba haciendo un relato político y social de la Argentina de las últimas épocas desde el género. Yo lo encontré una locura fantástica. Me encantó. Pienso en Samantha [Schweblin] también. Pienso en la Gabi Wiener, que me encanta. *Huaco retrato*, por ejemplo, que es una novela que sacó hace muy poquito, es una tremenda novela, es una gran novela. Me encanta también ser testigo de cómo se ha ido fortaleciendo y enriqueciendo la autoría. Y creo que hay muchas que están en un momento, pero ya delicioso de escritura. Bueno, mencionaba a Cristina Rivera. Bueno, Cristina, el último texto grande, *El invencible verano de Liliana*, es un librazo. Y yo, que he estado leyendo a Cristina desde hace mucho, de pronto me topo con *Autobiografía del algodón* y con *El invencible verano de Liliana*, y es que están en su momento. Quiero que rápido vengan las próximas lecturas. La Mónica Ojeda también, que se me viene ahora, que sacó su último libro hace poquito. La Gabi Cabezón, desde Argentina, que acaba también de ser premiada. La Fernanda Trías, desde Uruguay. La Selva Almada también, si pienso en Argentina. Desde Chile, pienso en la Lina Meruane, mi compañera, gran amiga, la Lina. La Alejandra Costamagna también, compañera de generación. La Andrea Jeftanovic también. Pienso en la Alia Trabucco, aunque la Alia es más chica. Yo diría que la Alia es como nuestra hermana chica, pero es como una vieja chica, porque es muy talentosa. O sea, yo quisiera tener el talento y la lucidez de la Alia. Es una gran escritora chilena. Tiene un texto, yo no sé, que se llama *Las homicidas*, para mí es como uno de los mejores libros de la Alia, sin duda.

Es una tremenda generación, y es una generación que no es producto del mercado. O sea, el mercado nos ha dado la posibilidad de visibilizarnos, pero las mujeres están escribiendo, y están escribiendo muy bien desde hace muchos años, probablemente desde hace siglos. Nosotros hemos tenido el privilegio de tener la tribuna y de vivir un momento donde se nos está observando. Y pienso también en cuántas compañeras… Bueno, cuando uno nombra a alguien, deja de nombrar a otras, cuando algo se edita, algo no se está editando también. Creo que hay mucha escritura todavía que publicar y que investigar al respecto, pero, claro, es una gran generación.

MARÍA ROSA OLIVERA-WILLIAMS: Es cierto. Es como un momento maravilloso, llevó muchísimo tiempo, pero que está dando unos frutos absolutamente increíbles.

NONA FERNÁNDEZ: Sí, de hecho no había mencionado México. Ahora he estado leyendo a Jazmina Barrera, por ejemplo. La Jazmina, más chica, es un poco como la Alia, como que están en esa generación. También una escritora muy interesante: la Guadalupe Nettel. Guadalupe es ya más como nosotras, de nuestra generación, quizás un poco más joven. Es un gran momento y lo que me ha sido muy bonito ver es cómo esas autoras se han ido construyendo. Hay que ver qué viene también.

MARÍA ROSA OLIVERA-WILLIAMS: Porque la nombraste a Samantha, que se formó afuera, volvió... O sea, ¿los viajes importaron o no? ¿Es una generación que pudo construir su corpus dentro de sus respectivos países o la experiencia de viajar funcionó o qué te parece?

NONA FERNÁNDEZ: Yo creo que, evidentemente, cuando una autora se instala en España o se instala en Europa o se instala en Nueva York, no voy a decir que es más fácil, pero se localiza más fácil. Es más complejo para quienes estamos siempre publicando desde el Sur. Es más complejo. No quisiera quitarle importancia al hecho de esas escrituras que han estado desarrollándose, por supuesto. Siempre pienso, por ejemplo, la Lina que ha estado instalada en Nueva York hace mucho tiempo y siempre está dialogando con Chile. Su escritura es profundamente chilena, sin duda que sí. Pero está en otra vitrina, una vitrina que se observa más, sin duda. Yo creo que eso facilita también, y esto, insisto sin desmerecer para nada el trabajo de las compañeras, por favor, en ningún caso.

Ojalá yo me hubiera atrevido a irme, pero no lo hice. Tengo como un compromiso aquí, con este pedazo de tierra que me convoca mucho. Esa es la verdad. También, nunca pensé en la internacionalización. Esto es algo que para mí ha sido un regalo y algo que mi obra me ha ido dando sin que yo lo haya planificado nunca. Yo creo que todas pensamos un poco así. Se nos ha ido dando solo el trabajo o esta vitrina más internacional. También creo que

Colombia y México son dos polos culturales que son más efervescentes. O sea, yo les digo desde Santiago de Chile, no es lo mismo estar en el DF, no es lo mismo estar en Madrid, no es lo mismo estar en Nueva York, que estar en Santiago de Chile y generar una obra desde Santiago de Chile. Yo creo que Buenos Aires sin duda también es una capital cultural más efervescente. Pienso en Lima, Santiago de Chile, Montevideo... también es más complejo, sin restar el mérito de mis compañeras, sin duda.

MARÍA ROSA OLIVERA-WILLIAMS: Siguen estando como limitadas las editoriales, la distribución. En un momento, el gran problema de América Latina o de Sudamérica era que no se distribuía. Lo que se publicaba, por ejemplo, en Uruguay llegaba o no a Chile o Argentina o México. Entonces, si uno piensa en Planeta, sí había una Planeta grande, pero estaban las Planetas locales, que muy poco mandaban a los otros lugares. ¿Qué pasa ahora? ¿Eso se mejoró o no?

NONA FERNÁNDEZ: Yo creo que eso sigue siendo bastante así. Creo que se ha sacudido un poco. Creo que las grandes editoriales...O sea, diciéndolo con su nombre, todavía estamos muy colonizadas en ese aspecto. Dependemos mucho de España para poder leernos entre nosotras. Claro, gracias a las editoriales independientes, esos límites se han borroneado mucho y, a partir de ellas, nosotros tenemos un registro mucho más amplio de lo que es la literatura latinoamericana. Normalmente conocemos a las grandes autoras por las editoriales independientes y luego, porque ya se han hecho un público acá, es que llegan los libros que están en España al respecto. Sigue siendo un gran problema ese. Yo también me siento muy privilegiada porque tengo la oportunidad de viajar bastante por el tema literario y me voy tragando libros. Entonces me traigo libros que aquí no están.

Pero muchas veces me pasa que conozco a grandes autoras que sé que funcionarían perfectamente acá en Chile y no los mandan o mandan diez libros. Yo te digo, por ejemplo, en el caso de Cristina Rivera, y sabemos el monstruo que es Cristina, se está leyendo en Chile desde los últimos dos años, y los libros de Cristina aquí no estaban. Incluso los libros de Random House, que son los que podrían estar acá, no estaban. Ahora está más presente, pero costó mucho que llegara. Insisto, los últimos tres años, es un nombre que está aquí. Es complejo. Acabo de leer un libro de un autor uruguayo que se llama Diego Recoba, un libro buenísimo, no me preguntes el nombre porque yo todo lo olvido, pese que escribo sobre la memoria, todo lo olvido. Es la primera novela y la sacó por Random House. El libro está buenísimo, pero el libro no está aquí y yo digo: "Pero traigan el libro, hagan la apuesta. ¿Qué cuesta?"

PREGUNTAS DE LA AUDIENCIA

PREGUNTA: Muchas gracias por esta oportunidad de interactuar. Mi primera pregunta es sobre el estado actual de la memoria en Chile. ¿Cómo ve la experiencia de las nuevas generaciones de chilenos con la memoria histórica de la dictadura? En *Voyager* menciona la escuela de su hijo y su intento de censurar su discurso. ¿Cuáles son los otros modos de censura en la sociedad chilena actual?

NONA FERNÁNDEZ: Mira, sí, vivimos una. El año pasado en Chile se vivió la conmemoración de los cincuenta años del golpe militar. Pensábamos que íbamos a tener una conmemoración importante cincuenta años después, con un gobierno también de izquierdas en Chile, que iba a ser un momento importante. De alguna manera un signo para el mundo. Sin embargo, tenemos una sociedad muy conservadora que está como, casi el mundo completo, que se está movilizando hacia un lugar muy reaccionario, muy conservador, muy fascista, debo decirlo también. La conmemoración fue compleja y retrocedimos muchísimo en los discursos al punto que estábamos teniendo que defender la idea de que un golpe militar no es algo bueno para ninguna democracia, porque la mitad del país considera que el golpe militar chileno está completamente justificado y que está bien que se haya hecho. Eso, yo les digo, hace diez años atrás en la conmemoración de los cuarenta años, era algo que ya se había discutido y ya dábamos todos, izquierdas y derechas, por saldado que un golpe militar era insostenible en cualquier democracia del mundo. Bueno ahora retrocedimos a eso.

Entonces, no existen censuras explícitas con respecto a las cosas. Lo que tenemos es una mentalidad que todavía, en términos de derechos humanos y en términos de nuestra historia reciente, no ha puesto un límite claro con respecto al Nunca Más, por ejemplo. Entonces, para no generar complicaciones en los espacios más institucionales, no se habla de los temas. No es que exista una ley o que si tú vas a decir algo, alguien te va a tomar detenido. No, eso no va a pasar, estamos en una democracia. Pero acá en Chile vivimos una transición a la democracia que fue una transición pactada con los militares, y yo diría que las lógicas de esa transición, que duró mucho tiempo, quedaron muy incorporadas en la sociedad chilena. Y esas lógicas son las lógicas del no entrar en el conflicto y del no nombrar las cosas por su nombre y el no decir que no puede existir un golpe militar, que Pinochet fue un asesino, que hubo una dictadura cívico-militar, que se asesinó gente. Esas cosas es mejor no hablarlas porque vamos a entrar en conflicto. Por supuesto yo en mi casa no. Digo en cosas más institucionales, en los canales de televisión todavía, en los espacios como en el colegio, que es lo que yo cuento en el ensayo *Voyager*.

Pero esas son las censuras. Es más complejo porque está en el ADN de la sociedad chilena la idea de no entrar en conflicto y de no hablar de ciertas cosas. Pero no existe una censura explícita, eso no va a ocurrir, eso no es así. O sea, nadie sufre de tensiones ni nada al respecto, pero sí está muy incorporado y eso va generando una realidad, porque cuando tú no mencionas las cosas, cuando tú no dices: "No debe haber golpes militares", eso queda en un espacio tal que las nuevas generaciones no lo tienen claro. Piensan: "Bueno, si hubo un golpe militar, a lo mejor estaría bien que hubiese otro", porque nadie nunca dice que no debe existir.

PREGUNTA: Me gustaría saber más sobre el papel simbólico del río en su obra.

NONA FERNÁNDEZ: El río Mapocho, acá en Santiago, es un río real, por supuesto, que cruza la ciudad de Santiago. Cuando comencé a escribir *Mapocho*, lo cuento un poco en la versión definitiva, yo partí con una fotografía real que vi de unos cadáveres en el Mapocho en un sector muy transitado en la actualidad por cualquier persona que vive en esta ciudad. Eso me llamó mucho la atención. Quise ir tras la cacería de esas personas, saber quiénes eran, y fracasé completamente. Pero ahí comencé a leer sobre el río y sobre todos los muertos que, durante la historia de mi ciudad, habían ido a dar al río. Entonces el río comienza a cobrar, en mi propia cabeza, un significado que es el espacio del basurero: todo aquello que no queremos, que no nos sirve, lo lanzamos al río. En términos concretos, el río acá en Chile es un espacio adonde van a dar los alcantarillados de la ciudad. O sea, es un lugar donde, efectivamente, el desecho va a dar allí. Y cuando tú ves también que parte de esos desechos han sido, a lo largo de la historia, los muertos, aquellos muertos que de alguna manera fueron como basura en algún momento de la historia, en diversos momentos de la historia, no solamente para la dictadura militar, comienza a aparecer... Hay como un símbolo, como una metáfora, como una imagen que hace sentido: Ese río como una especie de herida porosa llena de pus, de infección que cruza la ciudad y que está ahí y que no la vemos. Una herida que no vemos o que preferimos jugar a que no la vemos. Y ese es un poco el sentido que ha ido cobrando. Ahora, veinte años después de haber escrito el libro, el río Mapocho ahora –porque el río durante mucho tiempo fue un río con mucho caudal, muy rabioso, se salía, se desbordaba todos los inviernos– ahora es apenas un riachuelo muy, muy pequeño que en los veranos se seca completamente. Y creo que hay que investigar en ese sentido también ahora el río Mapocho de la actualidad. En algún momento quiero meterme a repensar el río veinte años después de su escritura: ¿Qué significa ahora ese río para mi sociedad?

PREGUNTA: Muchísimas gracias por la conversación. Me encanta tu idea de responsabilizarnos de las personas pequeñitas. Es algo que noto mucho en la escritura de mujeres, tanto en la literatura como en el cine. ¿Te parece que esta tendencia se vea influenciada por la experiencia de género y pueda ser una manera de desistir al mercado a las narrativas modernas neoliberales?

NONA FERNÁNDEZ: No lo había pensado como una estrategia que estuviese incorporada en la escritura hecha por mujeres, honestamente. Quizá lo tendría que pensar o quizá ustedes tienen que pensar más que yo. Pero sí lo he pensado desde el otro aspecto de la pregunta y que creo que a mí me parece tremendamente importante apropiarnos de nuestras historias. Que las historias, las grandes historias, las historias de nuestras sociedades que están siempre clausuradas por quienes las han contado –que lo sabemos, siempre son los vencedores, lo tenemos claro desde ese lugar– esas historias nos pertenecen aunque no hayamos sido las, los, les protagonistas de esas historias nos pertenecen porque son las historias a partir de las cuales nuestras realidades circulan.

Si lo pongo en relación a la dictadura chilena, que es lo que a mí me atañe, lo pongo como un ejemplo: ¿Por qué yo sigo indagando en esa gran historia? Es porque mi realidad constante, diaria, todavía está muy anclada a ese espacio histórico. Y tenemos mucho que investigar en ese espacio histórico para poder comprender lo que está ocurriendo ahora. Una cosa muy sencilla para que ustedes me entiendan: nosotras seguimos con la Constitución redactada por el gobierno militar, por Pinochet, por lo tanto, la sociedad chilena se levanta y se acuesta todos los días reglada por la Constitución de la dictadura. Es así de presente. Por eso es esta obsesión también por seguir indagando en esa historia. Esta que es mi historia es la historia de cada ciudadana y ciudadano del mundo. Lo que ha ocurrido en su sociedad es el por qué de su acontecer diario, y esa gran historia nos pertenece. Poder entenderla es importantísimo para entender nuestro presente y para poder lanzarnos al futuro también.

Esa es una responsabilidad que no le corresponde solo al mundo político o al mundo institucional o al mundo de la historia, nos corresponde a cada una y a cada uno desde el lugar que ejercemos. A nosotras nos toca la escritura, la literatura, el estudio, y desde ahí, sin duda, vamos tejiendo. Pero cada una y cada uno tiene un lugar: la gente chiquitita siempre tiene un lugar, lo sabemos, ocupamos un lugar en el mundo. Nuestro cuerpo tiene una densidad y nuestro cerebro también, y es ese lugar el que lo tenemos que hacer validar también. Siempre, siempre nos hacen creer que el ejercicio de la historia, incluso la historia actual, siempre pasa muy lejos de nosotras, que no tenemos nada que decir, no tenemos nada que cambiar. Bueno, es muy cierto, pero yo no pierdo la esperanza. No pierdo la esperanza de que a lo mejor logramos, en algún momento, como personas chiquititas, ejercer cambios. Los microcambios van ejerciendo también cambios. El cambio de pensamiento, el cambio que genera la letra, lo sabemos, es tremendamente importante.

PREGUNTA: Actualmente estoy trabajando la confirmación de identidad de generaciones de posdictadura a través del humor, la parodia y la ironía. Pensando en tu obra *Fuenzalida*, ¿cómo crees que este tipo de recursos afectan esa búsqueda o pelea por el sentido en la conformación de la memoria? Saludos desde Mendoza, Argentina.

NONA FERNÁNDEZ: Primero que nada, un abrazo. Estamos como tan cerca y acá, por lo menos, estamos siempre pensando y observando todo lo que está pasando allá en Argentina, que es lamentable, pero son ciclos históricos. Esto no es el final de nada, un gran abrazo.

El humor. ¿Por qué el humor? Estaba hablándoles recién de la idea de apropiarnos de las historias, de apropiarnos de la memoria, de apropiarnos de los grandes relatos. Creo que una manera de apropiarnos no es solamente desacralizarlas, sin faltarles el respeto, sino que, también, el humor ayuda mucho. Voy a contar mi propia experiencia como lectora y como –vuelvo a ocupar la palabra– "consumidora –porque no se me ocurre otra– de productos culturales" que tienen que ver con el tema de la memoria. Algo que a mí me pasó mucho cuando era más chica y empecé a escribir e investigar estos temas es que, de pronto, había tanta solemnidad en lo que se escribía que me costaba entrar. Podía comprender lo que me estaban diciendo con mi cabeza, pero no podía comprenderlo con mi cuerpo, con mi sensorialidad, con mi corazón, con mi estómago. Sentía que necesitaba de otras cosas, de otras herramientas para poder entrar en esas historias y vivirlas yo. Y ahí comienzan a aparecer estrategias como el humor. Empiezan a aparecer estrategias como indagar en universos o en imaginarios chatarra, como el *Space Invaders*, como en el caso de *Fuenzalida*, las películas de artes marciales, que por lo menos en esa época de los 70 circulaban mucho en América Latina: Jackie Chan, Kung Fu, etcétera, y eran parte también de un imaginario muy cercano al de los agentes de inteligencia que eran todos muy karatecas, muy de artes marciales. Esa banalidad, esa estupidez, esa tontera. Hay algo que a mí también me ha dado vuelta cuando he estudiado, cuando he investigado temas de memoria y, sobre todo en la línea de la maldad. La maldad que circundó, y que probablemente sigue circundando América Latina, está muy relacionada con la tontera, está muy relacionada con la chabacanería. Y creo que eso es muy interesante de observarlo también. Durante mucho tiempo nos han hecho creer, y quizás también es una manera de mirarlo, que la maldad es brillante. Yo, la verdad, creo que no, que es pura tontera, falta de empatía, falta de recursos humanos, y eso no es más que tontera. Creo que la inteligencia de verdad está muy asociada a la empatía y el humor y a la manera de poder comprender al ser humano. Creo que la gente mala es muy tonta en ese sentido. Y cuando aparece *Fuenzalida*, ciertas estrategias que circulan en ese libro tienen que ver con eso, con la chabacanería de la maldad, la tontera de la maldad, la ridiculez de la maldad y todas esas cosas que uno también empieza a entender a esas personas como gente muy banal, muy bruta, muy pequeña. No chiquitita, la gente chiquitita es otra cosa. La gente pequeña, de mentalidad muy pequeña.

PREGUNTA: Sobre la influencia de la madre en la creación o la transmisión de la memoria: ¿Cuál es la función de la madre?

NONA FERNÁNDEZ: Yo creo que en mi trabajo hay dos razones bien claras al respecto. Una tiene que ver con mi biografía. Soy hija de una gran madre, le debo mucho a ella, y una mamá también bien particular porque fue una madre soltera muy fuera de los modelos. En algún momento comienza a ser importante su presencia también en mi escritura o lo que irradia su presencia en mi escritura porque empieza a parecerme importante. Así como soy una escritora que le gusta relevar a mis antecesoras y observar el trabajo de mis antecesoras y hablar mucho sobre las mujeres que escribieron antes que yo y observarlas y leerlas y nutrirme de ellas y lanzarlas al futuro, también me parece muy importante hacer ese registro con la gente chiquitita, con mi madre como parte de ese universo, que fue una señora que es –porque todavía está viva mi madre– una mujer común y corriente, pero que sí se puede extraer un ejemplo tremendo de su propia vivencia del mundo como una mujer fuera de norma. Una mujer que nunca fue feminista porque no tenía herramientas para poder comprender el mundo desde el feminismo, pero que claramente lo fue en su práctica y ahora se encuentra mucho más cómoda porque lo ha entendido desde ese lugar en términos intelectuales y con lecturas y con lo que el mundo le ha regalado. Pero en la antigüedad, en su época nunca se afilió a ningún movimiento feminista. Sin embargo, en su práctica siempre lo fue y siempre me ha parecido interesante. Lo mismo con mi abuela. Mujeres trabajadoras, mujeres que llevaban su vida como muy fuera del margen de los cánones de lo que era ser mujer en ese momento. Y me interesa relevar también esas otras maneras de ser mujer, que ahora nos parecen mucho más normales, pero que su época tuvo consecuencias en sus propias vidas.

FIN DE LAS PREGUNTAS

GREG DAWES: ¡Qué manera de terminar este conversatorio! Quiero agradecerles, en particular y con mucho cariño, a Nona Fernández, y a la editora que trabaja con nosotros desde hace años, María Rosa. Ha sido un gran placer.

MARÍA ROSA OLIVERA-WILLIAMS: El placer fue inmenso para mí. Haber tenido esta gran oportunidad de hablar con Nona. Muchísimas gracias. Fue muy lindo.

NONA FERNÁNDEZ: Yo también quisiera agradecerles: Greg por la invitación *A contracorriente* y a María Rosa. Esta conversación tenemos que continuarla en algún bar. Muchas gracias por supuesto a todas y a todos y a todes que nos están escuchando. [Los tres se ríen.]

POSTFACIO

"El presente es la hora de los monstruos": neoliberalismo, nuevas tecnologías y literaturas

En su conversación con Greg Dawes, el escritor argentino Patricio Pron cita al filósofo político italiano Antonio Gramsci en el contexto de las relaciones sociales bajo el neoliberalismo:

> Recuerda lo que sostenía Antonio Gramsci, el filósofo, politólogo y activista político italiano que en alguna ocasión dijo algo así: "El Viejo Mundo no acaba de morir. El nuevo mundo aún no ha nacido. Es la hora de los monstruos". El presente es la hora de los monstruos. Tal vez de forma permanente, pero lo es especialmente en este momento en que diferentes circunstancias –las tecnologías disruptivas que nos rodean, el aumento de regreso bajo un nuevo disfraz de viejas ideas de corte fascista y la reducción de recursos naturales que está determinada por no solamente el impacto que tenemos en el planeta, sino también por el hecho de que hemos alcanzado una cifra poblacional completamente absurda, insoportable en el sentido de que el planeta no puede soportarla, no puede producir los recursos para todas estas personas– estas cosas nos hacen ser más conscientes que en el pasado, que estamos en la hora de los monstruos, de que vivimos un presente intolerable, pero tal vez no incorregible. (71)

Este parafraseo del dicho conocido de Gramsci le permite a Pron contemplar algunos rasgos clave de la crisis actual –el (nuevo) auge del fascismo, los ataques a las instituciones democráticas, la destrucción del medioambiente, los posibles efectos nefarios de las nuevas tecnologías, etc.– para luego concluir que "vivimos un presente intolerable, pero tal vez no incorregible". Me interesa mucho la consideración de nuestro presente en términos de la monstruosidad, y al mismo tiempo aplaudo el aparente optimismo de la calificación del presente como "tal vez no incorregible". ¡Ojalá sea así!

Sin embargo, cuando busqué la cita original de Gramsci en la versión castellana de sus *Quaderni del carcere* – *"El viejo mundo se muere. El nuevo tarda en aparecer. Y en este claroscuro surgen los monstruos"*– me topé con una discrepancia muy sugerente, y, a mi ver, productiva. Descubrí que este *sound byte* gramsciano es, en realidad, apócrifo, aunque es citado de esta forma en varios artículos académicos que consulté. La cita "auténtica" reza así: "La crisis consiste precisamente en el hecho de que lo viejo muere y lo nuevo no puede nacer: en ese interregno se verifican los fenómenos morbosos más variados" (1985, Q3, §34, p. 286). Si bien como asevera Pron en nuestra era incierta o quizás "fuera de quicio" vivimos "la hora de los monstruos", la era nueva (nonata) es por venir y así futura, pero está en nuestro horizonte de expectativa (en términos fenomenológicos). Al contrario, para Gramsci, tras la muerte de lo viejo "lo nuevo no puede nacer" en un "interregno" caracterizado por "fenómenos morbosos".

La lectura de Pron de los problemas actuales de la era neoliberal vis-à-vis el Gramsci apócrifo –y luego a la luz de la cita tal como aparece en los *Cuadernos*– me parece particularmente llamativa. Si pensamos el resurgimiento de la derecha global como parte de la degradación del capitalismo trasnacional en el siglo XXI, es fácil alinear "nuestra" hora de los monstruos con la emergencia de figuras como Trump, Milei, Orban, Netanyahu, Putin y Bolsonaro, entre otros (junto con los espectros de Pinochet, Stroessner, Trujillo y hasta con cierto Perón). Y del mismo modo podríamos enumerar los "fenómenos morbosos" del interregno actual, marcado por acontecimientos tan variados como el 11 de septiembre norteamericano, el *crash* económico global de 2008-2009, Brexit, COVID-19 y sus secuelas, etc., como algo análogos a los eventos que provocaron los escritos de Gramsci durante su encarcelamiento (1929-1935), como bien señala José Antonio Sanahuja:

> el *crack* bursátil de 1929; una crisis económica y social que fue también política, de las democracias liberales y del orden internacional de posguerra, esa particular versión de orden liberal basado en el capitalismo de *laissez faire*, el idealismo wilsoniano y la Sociedad de Naciones. Gramsci, desde su contemporaneidad, pudo ver lo que años después sería ampliamente asumido por la historiografía y la conciencia colectiva: que esa etapa constituía un «interregno» que mostraba tanto el agotamiento de las estructuras vigentes, minadas por sus contradicciones y límites, como la incapacidad de las clases dominantes para darles respuesta, dando paso a nuevas formas de cesarismo, al fascismo, al militarismo y a la guerra.

Pensar la "incongruencia" o quizás "inconmensurabilidad" temporal del *interregno* que propone Gramsci inaugura la emergencia (en sus dos sentidos) de los monstruos, tal como apunta Pron, amenazando con un *interregno* permanente y vertiginoso que posterga "lo nuevo" en el camino hacia el fascismo. Es decir, al leer a Gramsci junto con Pron observamos cómo *ser (pos)moderno es ser monstruoso*; es, de alguna manera, como apunta Marshall Berman, "to experience personal and social life as a maelstrom, to find one's world and oneself in perpetual disintegration and renewal, trouble and anguish, ambiguity and contradiction: to be part of a universe in which all that is solid melts into air." (Berman 34). Así, concuerdo con Mabel Moraña, quien arguye que "el carácter del monstruo se destaca como *dispositivo cultural* orientado hacia una *interrupción* productiva de los discursos dominantes y de las categorías que los rigen", y que "el monstruo moderno está en lucha contra 'el huracán del progreso' y contra las concepciones de la historia como avance lineal y *necesario*, que no interroga su propio curso ni los escombros que produce el transcurso incesante del tiempo" (Moraña 23).

Moraña conecta el monstruo con la conocida figura benjaminiana del ángel de la historia en términos de su "condición sobrenatural", así "creando un campo de significaciones que desnaturaliza el mundo conocido sometiéndolo a otras lógicas, poniendo a prueba su umbral de tolerancia, desfamiliarizándolo" (Moraña 23). Estas observaciones nos ofrecen la oportunidad de resaltar el aspecto *monstruoso* de la literatura misma, capaz de interrumpir, perturbar, alterar o hasta *resistir* la lógica temporal, tecnocrática, política y económica del mercado y la creciente tecnologización de casi todos los aspectos de nuestra existencia. Mientras la idea de resistencia surge en las cuatro conversaciones incluidas en el presente libro, quisiera subrayar algunas observaciones de Nona Fernández (en su diálogo con María Rosa Olivera-Williams) sobre cómo "la literatura genera un imaginario inconsciente" (86):

> Vamos tejiendo con el material de los sueños, con el material del recuerdo, nuevos materiales. Vamos proponiendo una nueva realidad a partir de eso, un poco como lo dice la maestra Ludmer: que uno va sacando de la plaza pública, recogiendo, generando, fabricando nueva realidad. Creo que la literatura, con el material de los sueños, del inconsciente y de la memoria, genera realidad. (86–87)

Para Fernández, la literatura es una manera de "apropiarnos de nuestras historias" (99), cuya importancia es evidente en cómo "[l]os microcambios van ejerciendo también cambios. El cambio de pensamiento, el cambio que genera la letra, lo sabemos, es tremendamente importante" (100). La "generación de una realidad" postulada por Fernández desafía los grandes relatos escritos por los vencedores y depende de archivos –"fuentes, son personas, son espacios, son materiales domésticos, cartitas, libretitas que pueden haber quedado de algo, de alguien" (84)– que recuerdan los escombros o ruinas de Benjamín y al mismo tiempo hablan "en su ser, en su corporalidad" (84).

Como modo de conclusión, me gustaría especular brevemente sobre la naturaleza de estos archivos: posibilitan la generación de una realidad de resistencia y facilitan la elaboración de microrrelatos contestarios a la imposición de la tecnocracia neoliberal. Hasta tienen su propia "corporalidad", nos recuerda Fernández. Me parece que también habría que pensar la *virtualidad* de algunos de los archivos evocados por los cuatro autores que participaron en los conversatorios incluidos en este libro: Twitter (Pola Oloixarac); IA y la lectura "en otros dispositivos: libro electrónico, tabletas y, sobre todo, teléfonos celulares, transformando el acto de lectura en esa medida" (84; Jorge Volpi); Tinder, Tik Tok y YouTube (Patricio Pron); los videojuegos (Space Invaders en particular; Nona Fernández), entre muchos otros ejemplos. Mientras la visión distópica de las nuevas tecnologías domina el discurso global hoy –y con razón en muchos casos– lo digital como archivo descorporalizado (pero no tan efímero como se suele pensar) ofrece, a mi ver, la mejor posibilidad en muchos años (siglos) para generar una realidad que tome en cuenta los microrrelatos del imaginario inconsciente. ¿Puede la literatura concebirse o consolidarse como una fuerza que proteja y hasta garantice las condiciones de posibilidad de la "corrección" en su elaboración de otras realidades?

Pensar esta idea de la creación de realidades junto con el tropo del monstruo me lleva a Borges, como tantos caminos (ni hablar de senderos que se bifurcan). El cuarteto final del poema "El Golem", originalmente publicado en *El otro, el mismo* (1964), va así:

En la hora de angustia y de luz vaga,
en su Golem los ojos detenía.
¿Quién nos dirá las cosas que sentía
Dios, al mirar a su rabino en Praga?

Si bien la literatura puede fabricar la realidad, todo escritor –y por ende lector– termina siendo el famoso Rabino Judah Loew Ben Bezalel de Praga

(1512–1609),[1] dándole vida a un Golem hecho del barro (tal como lo hizo Dios con Adán) a través de la invocación de la palabra hebrea *emet* (אמת, o "verdad" en hebreo). Más tarde, Loew se ve obligado a destruir el Golem por sus acciones violentas, borrando la primera letra de *emet* y así dejando la palabra *met* (מת, "muerto"), lo que le redujo al Golem a barro de nuevo.

La omnipresente amenaza de la muerte en la creación, tal como expone Borges aquí, nos enseña que la distancia entre la verdad y la muerte es muy corta. También la distancia entre la verdad y la mentira cabe observarse (especialmente en nuestro momento de *fake news*). Pero la literatura, un espacio digno de "infinita veneración, infinita lástima" ("El Aleph"), tiene la posibilidad y la obligación de resistir y seguir "generando nuevos imaginarios" (Fernández 77).

Obras citadas

Berman, Marshall. *All That is Solid Melts into Air: The Experience of Modernity*. New York: Penguin, 1988.

Borges, Jorge Luis. "El Golem". https://www.poeticous.com/borges/el-golem?locale=en

_____. "Tlön, Uqbar, Orbis Tertius". https://ciudadseva.com/texto/tlon-uqbar-orbis-tertius/

Gramsci, Antonio. *Cuadernos de la cárcel: los 6 tomos*. Ed. Valentino Gerratana y trad. Ana María Palos. Euskal Herriko Komunistak (EHK), 1985. Disponible en: https://www.abertzalekomunista.net/images/Liburu_PDF/Internacionales/Gramsci_Antonio/Cuadernos_de_la_carcel-Completo-6_Tomos-PAGINADO.pdf

Moraña, Mabel. *El monstruo como máquina de guerra*. Madrid: Iberoamericana Editorial Vervuert, 2017.

Sanahuja, José Antonio. "Interregno: la actualidad de un orden mundial en crisis". Nueva Sociedad 302 (noviembre-diciembre 2022).

Scott Weintraub
Durham, New Hampshire, EE. UU.
Abril 2025

---

1. "Todos los hombres, en el vertiginoso instante del coito, son el mismo hombre. Todos los hombres que repiten una línea de Shakespeare, son William Shakespeare" ("Tlön, Uqbar, Orbis Tertius", 1941).

www.ingramcontent.com/pod-product-compliance
Lightning Source LLC
Chambersburg PA
CBHW022108160426
43198CB00008B/396